Les rêveries
du promeneur
solitaire

ROUSSEAU

Les rêveries du promeneur solitaire

•

par Érik Leborgne

GF Flammarion

ISBN : 2-08-070905-4

SOMMAIRE

Les rêveries
du promeneur solitaire

	REPÈRES HISTORIQUES ET CULTURELS	VIE ET ŒUVRES DE ROUSSEAU
1712	Addison et Smith créent le périodique *The Spectator*.	Naissance de Jean-Jacques Rousseau à Genève, dans une famille protestante. « Je coûtai la vie à ma mère, et ma naissance fut le premier de mes malheurs » (*Les Confessions*, I).
1713	Naissance de Diderot. *Les Illustres Françaises* de Robert Challe.	
1715-1723	Mort de Louis XIV. Régence de Philippe d'Orléans.	
1715-1735	*Gil Blas* de Lesage.	
1716	Système de Law.	
1717	*L'Embarquement pour Cythère* de Watteau.	
1718	*Œdipe* de Voltaire. *Les Fêtes galantes* de Watteau.	
1719	*Réflexions critiques sur la poésie et la peinture* de Du Bos. *Robinson Crusoë* de Defoe.	Jean-Jacques lit ses premiers romans avec son père, puis s'enthousiasme pour Plutarque.

C H R O N O L O G I E

1720	Débâcle financière à Paris.	
1721	*Lettres persanes* de Montesquieu.	
1722	*La Surprise de l'Amour* de Marivaux. *Moll Flanders* de Defoe.	Son père, Isaac Rousseau, quitte Genève à la suite d'une querelle avec un capitaine, et s'installe à Nyons où il se remarie en 1726. Jean-Jacques est mis en pension chez le pasteur Lambercier, à Bossey ; il y passe deux années heureuses.
1723-1724	Règne de Louis XV.	
1724-1725		De retour à Genève, il entre en apprentissage chez un greffier, puis chez un graveur, mais ne s'y plaît guère.
1725	*L'île des Esclaves* de Marivaux.	
1726	*Les Voyages de Gulliver* de Swift.	
1726-1743	Ministère de Fleury.	
1728	*La Henriade* de Voltaire. *La Raie* de Chardin.	Il quitte Genève le 14 mars, et se présente chez Mme de Warens à Annecy le 21 (le dimanche des Rameaux). Elle l'envoie à Turin pour qu'il abjure la religion protestante. Il est baptisé le 21 avril. Devenu laquais chez Mme de Ver-

CHRONOLOGIE	REPÈRES HISTORIQUES ET CULTURELS	VIE ET ŒUVRES DE ROUSSEAU
1729		cellis, il vole un ruban et accuse la cuisinière Marion du vol.
1730		Il regagne Annecy et s'installe chez Mme de Warens. Séjourne deux mois au séminaire des Lazaristes (d'août à octobre).
		Rousseau se fait passer pour un maître de musique parisien et donne des leçons à Neuchâtel.
1731	*Manon Lescaut* de Prévost.	Il reste trois mois à Paris, au service du neveu d'un colonel suisse, puis rejoint Mme de Warens à Chambéry. Commence une longue période de bonheur auprès de « Maman » qui l'initie à l'amour.
1731-1738	*Cleveland* de Prévost.	

1731-1742	*La Vie de Marianne* de Marivaux.	
1733	*Essai sur l'homme* de Pope.	
1734	*Considérations sur les causes de la grandeur et de la décadence des Romains* de Montesquieu. *Lettres philosophiques* de Voltaire.	
1734-1735	*Le Paysan parvenu* de Marivaux.	
1734-1749	Saint-Simon rédige ses *Mémoires*.	
1735	*Les Indes galantes* de Rameau.	
1735-1736		Premiers séjours aux Charmettes, près de Chambéry.
1736-1738	*Les Égarements du cœur et de l'esprit* de Crébillon fils.	
1737		Malade et croyant sa vie en danger, Rousseau entreprend un voyage à Montpellier pour consulter le docteur Fizes. Aventure avec Mme de Larnage. À son retour, il trouve sa place prise auprès de « Maman » par Wintzenried.

11

12

REPÈRES HISTORIQUES ET CULTURELS	VIE ET ŒUVRES DE ROUSSEAU
	Seul aux Charmettes, il lit et se cultive en autodidacte.
1739	
1740 *Histoire d'une Grecque moderne* de Prévost. *Le Bénédicité* de Chardin, *Le Triomphe de Vénus* de Boucher.	Entre 1740 et 1741, Rousseau devient précepteur des fils de M. de Mably, prévôt général à Lyon, et compose le *Projet pour l'éducation de M. de Sainte-Marie*, où il critique les méthodes d'éducation en vigueur.
1740-1748 Guerre de succession d'Autriche.	
1740-1786 Règne de Frédéric II de Prusse.	
1742 *Joseph Andrews* de Fielding.	Il revient aux Charmettes où il continue à étudier. Il met au point un nouveau système de notation musicale, qu'il présente à l'Académie des Sciences de Paris ; il le publie sous le titre *Dissertation sur la musique moderne* et commence à composer un opéra (*Les Muses galantes*). Il fait la connaissance de Diderot.

CHRONOLOGIE

1743-1744		Il accepte un emploi de secrétaire d'ambassade à Venise. Il se passionne pour la musique italienne.
1745	*Platée* de Rameau.	De retour à Paris, il se met en ménage avec Thérèse Levasseur, lingère, qui lui donnera cinq enfants, tous placés aux Enfants-Trouvés. Il fait jouer *Les Muses galantes* et retouche un opéra de Voltaire et Rameau, *Les Fêtes de Ramire*.
1745-1764	Mme de Pompadour, favorable aux philosophes, est la favorite du roi.	
1746	*Essai sur l'origine des connaissances humaines* de Condillac.	
1746-1747		Séjours à Chenonceaux, où Rousseau est secrétaire de Mme Dupin.
1747-1749	*Clarissa Harlowe* de Richardson.	
1748	Traité d'Aix-la-Chapelle. *Zadig ou la destinée* de Voltaire. *De l'Esprit des Lois* de Montesquieu. *Essai sur l'entendement humain* de Hume.	
1749	*Lettre sur les aveugles* de Diderot. *Tom Jones* de Fielding. Parution du premier volume de l'*Histoire naturelle* de Buffon.	D'Alembert fait appel à Rousseau pour rédiger les articles sur la musique pour l'*Encyclopédie*. Diderot est emprisonné à Vincennes après avoir

CHRONOLOGIE	REPÈRES HISTORIQUES ET CULTURELS	VIE ET ŒUVRES DE ROUSSEAU
		publié la *Lettre sur les aveugles*. Jean-Jacques lui rend visite ; sur la route, lisant la question posée par l'Académie de Dijon (*Si le rétablissement des sciences et des arts a contribué à épurer les mœurs*), il a une « inspiration subite » qui lui révèle « toutes les contradictions du système social ». Il en tire une nouvelle philosophie de l'homme et une vision paradoxale des progrès de la civilisation, qu'il expose dans son premier discours.
1750	Parution du premier des dix-sept volumes de l'*Encyclopédie*.	Le *Discours sur les sciences et les arts* est couronné par l'Académie de Dijon, et publié avec succès.
1751	*Le Siècle de Louis XIV* de Voltaire.	Début de la « réforme » de Jean-Jacques : il abandonne sa place de secrétaire et devient copiste de musique.
1752	Début de la « querelle des Bouffons » (1752-1754).	Il fait jouer son opéra *Le Devin de village* devant le roi, et sa pièce *Narcisse* au Théâtre-Français (l'actuelle Comédie-Française).

	Il écrit une *Lettre sur la musique française* qui fait scandale l'année suivante.
	Voyage à Genève avec Thérèse. Rousseau est réintégré dans l'Église calviniste et recouvre sa qualité de citoyen de Genève.
1754	
	Il fait publier à Amsterdam le *Discours sur l'origine et les fondements de l'inégalité parmi les hommes* qui déclenche un nouveau scandale. Lettre de Voltaire à Rousseau : « J'ai reçu, Monsieur, votre nouveau livre contre le genre humain, je vous en remercie... »
1755	*Tremblement de terre de Lisbonne.* *Le Père de famille* de Greuze.
	Il s'installe avec Thérèse à l'Ermitage de Montmorency, demeure que lui prête Mme d'Epinay (qui l'appelle « mon ours »). Il adresse à Voltaire sa *Lettre sur la Providence* à propos du tremblement de terre de Lisbonne. Il imagine au cours de ses promenades les personnages de *La Nouvelle Héloïse*, dont il compose les premières lettres.
1756	*Poème sur le désastre de Lisbonne* de Voltaire. Début de la Guerre de Sept Ans.
	Première brouille avec Diderot, Grimm et Mme d'Epinay, raccommodements provisoires, puis rupture : Rousseau quitte l'Ermitage pour le jardin de Montlouis, à Montmorency. Entre-
1757	*Le Fils naturel, Entretiens sur le Fils naturel* de Diderot.

	CHRONOLOGIE	
	REPÈRES HISTORIQUES ET CULTURELS	VIE ET ŒUVRES DE ROUSSEAU
1758	*De l'Esprit* d'Helvétius.	temps, il vit une passion désespérée pour Sophie d'Houdetot, maîtresse de Saint-Lambert. Il répond à l'article « Genève » de l'*Encyclopédie* (rédigé par d'Alembert) par la *Lettre à d'Alembert sur les spectacles*. *La Nouvelle Héloïse* est achevée.
1759	Parution de *Candide*, réponse indirecte de Voltaire à la lettre de Rousseau sur la Providence. Premiers *Salons* de Diderot.	Rousseau s'installe dans le château du maréchal de Luxembourg ; il y compose le cinquième livre de l'*Émile*.
1759-1767	*Tristram Shandy* de Sterne.	
1760	Palissot ridiculise Rousseau et les Encyclopédistes dans sa comédie *Les Philosophes*. *La Religieuse* de Diderot (publ. en 1781). *Poèmes d'Ossian* de Macpherson.	Il achève l'*Émile* et travaille à son grand traité de théorie politique, *Le Contrat social*.
1761	*L'Accordée de village* de Greuze. *Cascatelles à Tivoli* de Fragonard.	Immense succès de *La Nouvelle Héloïse* à Paris. Rousseau fait lire à Malesherbes son *Essai sur l'origine des langues*.

Premières idées délirantes : il s'imagine que le manuscrit de l'*Emile* est entre les mains des jésuites qui veulent le falsifier.

1762

Affaire Calas et *Traité sur la tolérance* de Voltaire.
Le Neveu de Rameau de Diderot (publ. posth.).
Orphée et Eurydice de Gluck.

L'« abattement extrême » qui succède à cette crise le pousse à écrire quatre lettres autobiographiques à Malesherbes pour se justifier de sa conduite. Paraissent au mois de mai, après de nombreuses difficultés, *Du Contrat social*, puis *Emile ou De l'éducation*. La *Profession de foi du vicaire savoyard*, incluse dans ce dernier ouvrage, provoque les foudres des autorités religieuses : l'*Emile* est condamné par le parlement de Paris ; à Genève, les deux livres sont brûlés et l'auteur est décrété de prise de corps. Rousseau s'enfuit en Suisse, est expulsé du canton de Berne, et trouve refuge à Môtiers, dans la principauté prussienne de Neuchâtel. Il compose la même année une « Scène lyrique » intitulée *Pygmalion*. Mort de Mme de Warens à Chambéry.

1763

Traité de Paris. Choiseul reconstitue la flotte et l'armée.

Début d'une série d'attaques lancées par ses ennemis sous forme de publications (comme les *Lettres écrites de la Campagne* du procureur genevois Tronchin), amenant Rousseau à produire plusieurs écrits de justification (*Lettre*

18

REPÈRES HISTORIQUES ET CULTURELS	VIE ET ŒUVRES DE ROUSSEAU
	à *Christophe de Beaumont, archevêque de Paris*). Il renonce à l'état de bourgeois de Genève.
1764 Expulsion des jésuites. *Dictionnaire philosophique* de Voltaire.	Il publie sa réponse à Tronchin sous le titre *Lettres écrites de la montagne*, dans lesquelles il défend les thèses du *Contrat social* et de la *Profession de foi du vicaire savoyard*. Il s'initie à la botanique auprès du docteur d'Ivernois. Voltaire fait paraître anonymement à Genève un libelle infâmant, *Le Sentiment des citoyens*, révélant l'abandon par Rousseau de ses enfants. Celui-ci décide alors d'écrire ses *Confessions*.
1765	Condamnation des *Lettres écrites de la montagne* à La Haye et à Paris. Le premier septembre, le pasteur de Montmollin prononce un sermon contre l'écrivain ; le 6, on jette des pierres contre la maison de Rousseau à Môtiers. Il trouve asile à l'île Saint-Pierre, sur le lac de Bienne, mais, le 16 octobre, il en est expulsé par les autorités de Berne.

CHRONOLOGIE

Départ pour Berlin via Strasbourg où on lui fait fête en jouant *Le Devin de village*. En décembre, il est à Paris chez le prince de Conti ; tout le monde veut voir l'auteur persécuté.

En janvier, il arrive à Londres en compagnie du philosophe Hume, et s'installe à Chiswick. Brouille et rupture avec Hume en juillet (cette querelle est alimentée par les philosophes de Paris). Rousseau rédige les premiers livres de ses *Confessions*.

Il rentre en France en mai, et s'installe à Trye chez son protecteur le prince de Conti en se faisant appeler Jean-Joseph Renou. Il fait paraître son *Dictionnaire de musique*. Du Peyrou tombe gravement malade à Trye ; Jean-Jacques croit qu'on le soupçonne de l'avoir empoisonné.

Lettre à d'Ivernois où Rousseau expose lucidement son délire de persécution ; il reste cependant hanté par l'idée d'un complot universel. Voyages à Lyon et à Grenoble, herborisation à la Grande-Chartreuse. Il épouse civilement Thérèse le 30 août, devant le maire de Bourgoin.

1766

1767

Salon de 1767 de Diderot.
Marines de Vernet.

1768

L'Ingénu de Voltaire.
Voyage sentimental de Sterne.

CHRONOLOGIE	REPÈRES HISTORIQUES ET CULTURELS	VIE ET ŒUVRES DE ROUSSEAU
1769		Il s'installe dans une ferme à Monquin, près de Bourgoin. Il y rédige presque toute la seconde partie des *Confessions* (VII à XII).
1770	*L'An 2440* de Mercier. Naissance du *Sturm und Drang*, grand mouvement culturel dans les pays allemands.	Lettre autobiographique à M. de Saint-Germain sur le « complot universel ». Il retourne à Paris, s'installe rue Plâtrière, reprend son nom et son activité de copiste. Il commence à lire confidentiellement ses *Confessions* chez le marquis de Pezay et le poète Dorat.
1771	Crise agricole et économique. Émeutes de la faim. *Humphry Clinker* de Smollett.	Lecture des *Confessions* devant le prince royal de Suède et la comtesse d'Egmont. Mme d'Epinay demande au lieutenant de police d'interdire ces lectures. A la demande de Rulhière, émissaire des Confédérés de Bar en révolte contre l'usurpateur Poniatowski, Rousseau écrit les *Considérations sur le gouvernement de Pologne*. Il rédige aussi une introduction à l'herborisation, les *Lettres élémentaires sur la botanique*.

1772	*Le Diable amoureux* de Cazotte. *Supplément au voyage de Bougainville* de Diderot.	Il commence à rédiger les *Dialogues de Rousseau juge de Jean-Jacques.* Il herborise pour se distraire de cette « douloureuse tâche ».
1773	*Le Paradoxe sur le comédien* de Diderot. *Jacques le Fataliste* de Diderot (publ. posth.).	
1774	*Les Souffrances du jeune Werther* de Goethe.	Il entreprend un *Dictionnaire des termes d'usage en botanique*, resté inachevé. Il assiste à l'opéra de Gluck, *Orphée et Eurydice*.
1774-1793	Règne de Louis XVI. Ministère de Turgot aux Finances.	
1775	*Le Barbier de Séville* de Beaumarchais. *Le Paysan perverti* de Rétif de la Bretonne.	
1776	Ministère de Necker (père de Mme de Staël). Indépendance des États-Unis.	Le 24 février, il veut déposer le manuscrit des *Dialogues* sur l'autel de Notre-Dame, mais trouve la grille du chœur fermée. En avril, il tente de distribuer aux passants un message apologétique intitulé *À tout Français aimant encore la justice et la vérité*. Il rédige durant l'été l'*Histoire du précédent écrit* [les *Dialogues*]. Mort du prince de Conti le 2 août. En automne, il écrit la première promenade des *Rêveries*.

CHRONOLOGIE	REPÈRES HISTORIQUES ET CULTURELS	VIE ET ŒUVRES DE ROUSSEAU
1777	*Les Incas* de Marmontel.	Le 24 octobre, accident de Ménilmontant, rapporté dans la deuxième promenade.
		Il poursuit la rédaction des *Rêveries* et met au net les sept premières promenades, vraisemblablement durant l'été. La huitième est écrite en automne, et la neuvième commencée en décembre, après la publication de l'éloge de Mme Geoffrin par d'Alembert.
1778	Mort de Voltaire.	Il commence le 12 avril la dixième promenade, remet un manuscrit des *Confessions* à Moultou, et se rend à Ermenonville chez le marquis de Girardin. Il herborise durant le mois de juin, et meurt le 2 juillet. Il est inhumé dans l'île des Peupliers.
1779-1780		Publication des *Lettres à M. de Malesherbes*, puis du premier de ses *Dialogues*.
1781	*Critique de la raison pure* de Kant.	Publication des *Lettres élémentaires sur la botanique*.

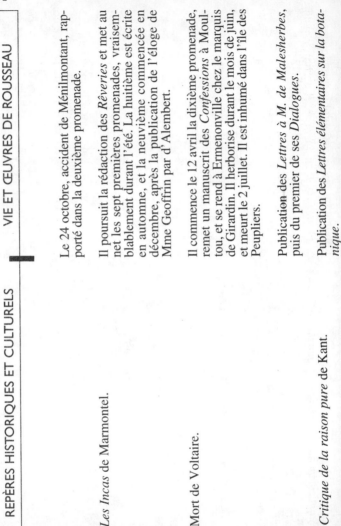

Année		
1782		Publication des écrits autobiographiques par trois amis de Jean-Jacques : le pasteur Moultou, Du Peyrou et le marquis de Girardin. Paraissent à Genève la première partie des *Confessions*, les trois *Dialogues*, l'*Histoire du précédent écrit* et *Les Rêveries du promeneur solitaire*.
1784	*Le Mariage de Figaro* de Beaumarchais.	Publication des *Fragments pour un dictionnaire des termes d'usage en botanique*.
1785-1789	*Élégies* de Chénier.	
1786	*Les Noces de Figaro* de Mozart. *Le Serment des Horace* de David.	
1787	*Don Giovanni* de Mozart.	
1788	*Paul et Virginie* de Bernardin de Saint-Pierre. Convention des états généraux.	
1788-1794	*Les Nuits de Paris* de Rétif de la Bretonne.	
1789	Révolution française. Déclaration des droits de l'homme.	Publication de la seconde partie des *Confessions*.
1791	*Justine* de Sade. *La Flûte enchantée* de Mozart.	

CHRONOLOGIE	REPÈRES HISTORIQUES ET CULTURELS	VIE ET ŒUVRES DE ROUSSEAU
1792	Proclamation de la République. Bataille de Valmy. Insurrections royalistes. Calendrier républicain.	
1793	Exécution de Louis XVI. La Terreur.	Transfert des restes de Rousseau au Panthéon.
1794	Chute de Robespierre. *Iambes* de Chénier.	
1795	Le Directoire. *Wilhelm Meister* de Goethe.	

Présentation

Durant les deux dernières années de sa vie, Jean-Jacques Rousseau entreprend, dans *Les Rêveries du promeneur solitaire*, de « rendre compte des modifications de [s]on âme et de leurs successions » (I) [1], projet qu'il désigne également par la métaphore physique du baromètre. Dans ce recueil qu'il présente modestement comme l'« informe journal de [s]es rêveries », il invente une forme littéraire sans précédent, la rêverie poétique en prose, pour décrire la situation exceptionnelle dans laquelle il se trouve. Jean-Jacques écrit en effet dans un au-delà : non pas des « rêveries d'outre-tombe » qui auraient pour but de fixer une image pour la postérité, mais des pensées intimes qui trouvent leur origine dans l'expérience de la mort sociale et civile, rapportée dans les deux premières promenades. « Tout ce qui m'est extérieur m'est étranger désormais » (I), affirme celui qui est devenu lui-même étranger aux autres hommes. Après ce constat désespéré, il ne lui reste plus qu'à raconter le seul plaisir qu'on lui a laissé : ce rapport immédiat de soi à soi qui fonde en principe l'écriture autobiographique des *Rêveries* comme celle des *Essais* de Montaigne – même si Rousseau tient à se démarquer de ce dernier modèle en précisant : « je n'écris mes rêveries que pour moi » (I). La position du lecteur est alors problématique : il n'est pas convié à lire ces pages, puisque Jean-Jacques écrit « en dépit des hommes », uniquement pour jouir à nouveau de son moi passé. En outre, l'importance accordée à la rêverie – activité jugée superficielle par ses contemporains – peut sembler surprenante. Le caractère singulier du livre est certes lié à la destinée unique de ce « promeneur solitaire » qui n'a cessé d'adop-

---

1. Les chiffres romains renvoient aux numéros des promenades.

ter une attitude paradoxale, allant à l'encontre des idées reçues de son siècle. Mais ce recueil engage également, à travers l'emploi même du mot *rêverie*, toute une réflexion sur l'introspection et sur les limites de la reconstitution du passé.

SITUATION DU RECUEIL

Les Rêveries du promeneur solitaire forment un ensemble apparemment composite et peuvent dérouter à première lecture, tout d'abord par l'impression de discontinuité d'une promenade à l'autre. Elles furent composées entre 1776 et 1778, vraisemblablement à partir des esquisses et des fragments que Jean-Jacques notait au cours de ses promenades sur des cartes à jouer (on en a conservé vingt-sept), et qui ont dû servir de « pilotis » pour les développements de certaines promenades (notamment I, III et IV). Pour autant, l'élaboration du recueil ne relève pas de la pratique d'une écriture « fragmentaire » comme celle des *Pensées* de Pascal. Même si une large place est laissée au hasard – une rêverie peut naître d'un événement fortuit : la lecture d'une page de Plutarque ou d'une dédicace – chacune de ces dix promenades engage une réinterprétation de l'homme Rousseau (et de l'écrivain) par lui-même, à partir de questions fondamentales : l'expérience de la souffrance et de la mort (II), la quête du bonheur individuel et de la paix intérieure (V, VIII, X), la nécessité d'une morale et d'une religion personnelle (III), la sociabilité naturelle de l'homme et son envers, la misanthropie (I, VI, VIII), l'amour des enfants (IX), l'authenticité de l'être en société (IV). De même que chez Montaigne, la matière personnelle tend à prendre une valeur universelle, l'examen de soi découvrant ainsi les traits fondamentaux de l'humanité. Le Jean-Jacques des *Rêveries* devient aussi exemplaire et aussi riche d'enseignement que les personnages peints par

Plutarque (comme Solon, mentionné dans la troisième promenade).

La seconde difficulté de lecture vient sans doute des discours paradoxaux que tient Rousseau sur lui-même. Ce sage détaché du monde multiplie en effet les déclarations contradictoires : lui qui se dit « seul sur la terre » vit en plein cœur de Paris (mais il s'en explique dans la huitième promenade) ; ses affirmations de tranquillité de l'esprit ne masquent guère la hantise du complot universel fomenté par les « philosophes » ; il affirme n'avoir plus rien à confesser mais avoue hautement les remords que lui a causés le vol du ruban (III) ; ce solitaire farouche est en fait animé d'un puissant amour de l'humanité, et ses promenades retracent autant de rencontres heureuses avec ses semblables que d'extases solitaires ; enfin, les mouvements d'orgueil de cet illustre malheureux, accablé du « plus triste sort qu'ait subi jamais un mortel » (VII), alternent avec de remarquables moments de modestie, en particulier à la fin de la quatrième promenade. Ces oppositions tiennent évidemment au caractère singulier – et ombrageux – de Jean-Jacques. Déjà dans les *Confessions*, il avait prévenu le lecteur des « contradictions » que l'on pourra trouver dans ses « mémoires » [1]. Se déclarant, au début des *Rêveries*, « dans la plus étrange position où se puisse jamais trouver un mortel » (II), il ne cesse de souligner combien il est « tout à rebours des autres hommes » (VII). Même si elles se rapportent à l'état nouveau où il se trouve à la fin de sa vie, ces déclarations renvoient à tout un contexte antérieur ; elles sont à rattacher à la position exclusive que Rousseau a voulu occuper dans son siècle, en tant qu'écrivain et en tant que philosophe.

Pour bien comprendre cette situation, il faut revenir à cette « réforme » retracée dans la troisième

---

1. « S'il y a de la contradiction, elle est du fait de la nature, et non pas du mien ; mais il y en a si peu que c'est par là précisément que je suis toujours moi » (*Les Confessions*, XII).

promenade. Dans les années 1751-1752, juste après le succès que lui apporte la publication du *Discours sur les sciences et les arts*, Jean-Jacques choisit de vivre dans la pauvreté, mais surtout dans l'indépendance financière (il devient copiste de musique), et non plus au service des puissants de ce monde. Il refuse même d'être présenté à la Cour, se privant par là volontairement de tout espoir de pension. Cette réforme somptuaire s'étend à ses effets personnels et à son mode de vie ; la joie que lui procure l'abandon de sa montre devient à cet égard symbolique : elle marque l'entrée délibérée dans un autre temps, celui de la vie méditative – le temps de la vie intérieure, qui sera proprement le temps des *Rêveries*. Rousseau peut alors penser et songer en toute liberté, notamment lors de promenades solitaires en forêt : le *Discours sur l'inégalité* (1755) naît ainsi d'un voyage à Saint-Germain (« je compte cette promenade pour une des plus agréables de ma vie », dit-il dans les *Confessions*, VIII). Ce changement dans sa vie privée correspond également à une réforme morale et intellectuelle, qui va le conduire à rompre progressivement avec les Encyclopédistes. La retraite qu'il effectue à l'Ermitage en 1756 coïncide avec le début de sa période créatrice la plus féconde : il se consacre aux deux ouvrages qu'il a en chantier, les *Institutions politiques* et la *Morale sensitive*, d'où il tirera le *Contrat social*, *La Profession de foi du vicaire savoyard*, et l'*Émile* – et, entre-temps, il donne au public le plus grand roman du siècle : *La Nouvelle Héloïse* (commencé en 1756, publié en 1761). Comment expliquer ce retrait volontaire du monde, et ce mépris de toute « coterie philosophique » (principalement d'Holbach, Grimm et Diderot) qui sont réaffirmés dans les *Rêveries* ? Ces choix sont représentatifs de l'indépendance d'esprit que revendique Jean-Jacques, mais ils correspondent plus précisément à une stricte application de ses propres principes, tels qu'il les a formulés dans le *Premier discours*. Soutenant le « parti de la vérité », Jean-Jacques y défend la vertu romaine et l'honneur républicain (selon une vision idéalisée de l'Antiquité, qui trouvera son heure d'actualité sous la Révolution) dans une société inégalitaire, vénale, et qu'il juge corrompue par le développement des sciences et des arts : « D'où naissent tous [l]es abus, si ce n'est de l'inégalité funeste introduite entre les hommes par la distinction des talents et par l'avilissement des vertus [1] ? » L'idée directrice de ce texte fondateur de la pensée de Rousseau – complétée plus tard par une visée anthropologique dans le *Discours sur l'origine de l'inégalité parmi les hommes* (1755) – est que l'homme civilisé (« policé ») s'est aliéné sa liberté originelle et ses vertus naturelles par le luxe et la dissolution ; il en résulte cet esclavage social qui confère à tout individu une valeur économique (nos modernes politiques « évaluent les hommes comme des troupeaux de bétail [2] »), au détriment des mœurs et de tout sentiment patriotique. Il n'y a plus de citoyen dans la cité, et le républicain Jean-Jacques, qui signe « citoyen de Genève », n'y trouve plus que des esclaves. La huitième promenade des *Rêveries* prolonge ce constat sur un mode personnel : Rousseau dit avoir perdu tout espoir de trouver un homme de bon sens et de bonne foi (VIII).

La voix que fait entendre Rousseau en 1751 détonne dans le mouvement de pensée des futurs Encyclopédistes. En affirmant que « les sciences et les arts doivent leur naissance à nos vices » [3], il prend le contre-pied de l'optimisme progressiste des Lumières ; mais dans le même temps, ce dénonciateur du luxe, de l'inégalité sociale fondée sur l'exploitation de l'homme et la propriété privée met à jour toute l'idéologie bourgeoise de la pensée dominante. Plus qu'un opposant des Lumières, Rousseau

---

1. *Discours sur les sciences et les arts*, éd. J. Roger, GF-Flammarion, 1971, p. 55.
2. *Ibid.*, p. 50.
3. *Ibid.*, p. 47.

en est peut-être un révélateur, dans le sens où son œuvre élabore une critique interne de la pensée philosophique du XVIIIᵉ siècle. De fait, l'auteur du *Discours sur les sciences et les arts* assume publiquement la position singulière qu'il va défendre tout au long de sa vie, quitte à passer pour « fou » aux yeux de ses contemporains. Car, avec ce premier ouvrage publié, commence la série d'écrits apologétiques (le plus souvent sous forme de lettres ou de réponses à ses contradicteurs), parmi lesquels il faut mentionner la préface de sa pièce *Narcisse* (1752) – le premier texte où Jean-Jacques parle de lui-même... Toute une série de lettres ouvertes, parfois violemment polémiques, jalonne ce combat du sage solitaire qui se met à dos non seulement les « philosophes », mais les institutions artistiques et religieuses : Rameau est visé dans la *Lettre sur la musique française* (1753), Voltaire est critiqué dans la lettre de 1756 (publiée en 1759) écrite en réaction aux poèmes *Sur le désastre de Lisbonne* et *Sur la loi naturelle*, les Encyclopédistes sont attaqués dans la *Lettre à d'Alembert sur les spectacles* (1758) dans laquelle il dénonce la corruption des mœurs apportés par le théâtre ; enfin les *Lettres écrites de la montagne* (1764) répondent aux accusations de « ces Messieurs » (entre autres le procureur Tronchin) contre *La Profession de foi du vicaire savoyard* et *Du Contrat social*. Ces prises de position correspondent à une conviction qui fonde la parole de Jean-Jacques : dans une société qui falsifie le langage, qui pervertit la pensée, il impose un discours vrai, le seul discours authentique de « l'homme selon la nature », pour lequel il ira jusqu'à offrir, dans *Les Confessions*, sa propre vie en témoignage de sa sincérité. En d'autres termes, il s'investit entièrement des idéaux élevés qu'il a défendus dans ses écrits, et illustrés à travers les images du législateur vertueux (*Du Contrat social*), du juge des consciences (Julie dans *La Nouvelle Héloïse*), ou du pédagogue (l'*Émile*). Ces intentions expliquent en particulier le choix de sa devise, *vitam vero impendere* (consacrer sa vie à la vérité), mise en épigraphe des *Lettres écrites de la montagne*. Cette même devise fait l'objet d'un réexamen douloureux dans la quatrième promenade : Rousseau conclut en avouant que cette position de détenteur de la vérité est proprement intenable pour son « naturel faible et timide ». Or toute cette justification de son caractère est née d'une interprétation malveillante de l'épigraphe de l'abbé Rozier, lue – arbitrairement – par Rousseau comme un sarcasme dirigé contre lui. Le délire de persécution, toujours présent dans les *Rêveries*, a bien pour origine la parole fausse des autres, qui dénature la vérité de l'être : aux yeux des hommes, Jean-Jacques n'est plus qu'un « monstre », « l'horreur de la race humaine » (I).

Ces dernières citations sont caractéristiques de la dimension paranoïaque [1] du recueil des *Rêveries*. Rares sont les promenades où ne resurgit pas une allusion au « complot » universel (désigné aussi par les mots « ligue », « proscription », « piège », « machines ») fomenté contre le rêveur, que ce soit sous forme d'hyperboles comme dans la première promenade, ou plus couramment sous forme d'interprétations délirantes. C'est le cas lorsqu'il exprime la certitude que ses écrits seront falsifiés (« de penser qu'on imprimât fidèlement aucun [de mes écrits] qu'on pourrait trouver en effet, c'était une bêtise qui ne pouvait entrer dans l'esprit d'un homme sensé », II), qu'il prête des intentions hostiles à Mme d'Ornoy [2]

1. La constitution paranoïaque est un déséquilibre de la personnalité, caractérisé par l'hypertrophie du moi (orgueil et sentiment de supériorité), la méfiance avec tendance à l'interprétation malveillante des actes d'autrui, et enfin l'interprétation délirante de la réalité (délire de persécution ou de grandeur, suivant la prédominance de la composante narcissique du sujet). F. Barguillet a consacré tout un chapitre de son livre *Rousseau ou l'illusion passionnée* (PUF, 1991, p. 19-68) au thème du complot dans les *Rêveries*.
2. « J'y crus trouver le motif de ses visites, de ses cajoleries, des grosses louanges de sa préface, et je jugeai que tout cela n'avait d'autre but que de disposer le public à m'attribuer la note et par conséquent le blâme qu'elle pouvait attirer à son auteur » (II).

(II) ou aux ouvriers de la manufacture qu'il découvre dans sa solitude impénétrable (« J'étais bien sûr qu'il n'y avait peut-être pas deux hommes dans cette fabrique qui ne fussent initiés dans le complot dont le prédicant Montmollin s'était fait le chef [...]. Je me hâtai d'écarter cette triste idée... », VII). La neuvième promenade est sur ce point aussi révélatrice que la quatrième : Jean-Jacques s'y disculpe de l'accusation de père dénaturé, après s'être senti directement visé par la lecture qu'on lui fait d'un texte de d'Alembert condamnant les personnes qui n'aiment pas les enfants ou les abandonnent – jugement peu surprenant quand on sait que d'Alembert, fils naturel de Mme de Tencin, est lui-même un enfant trouvé ! Cette interprétation malveillante ne quitte pas le promeneur dans l'épisode du fils du tonnelier : l'homme « de mauvaise mine » qui signale le comportement pour le moins suspect de Jean-Jacques ne peut être qu'« une de ces mouches [espion] qu'on tient sans cesse à [s]es trousses » (IX). Certaines déclarations concernant ses rapports avec les humains sont plus explicites encore : « je ne puis plus regarder une bonne œuvre qu'on me présente à faire que comme un piège qu'on me tend et sous lequel est caché quelque mal » (VI). Comment conjurer ce piège, sinon échapper à ce délire ? Comme l'a montré Jean Starobinski [1], la pensée de Rousseau est animée d'un mouvement introspectif qui fait rechercher le remède dans le mal lui-même. Dans les *Rêveries*, la solution va consister à se soumettre à un autre ordre que l'ordre humain ; la persécution qui frappe Rousseau étant trop exceptionnelle pour être le simple fait des hommes, elle est donc voulue par Dieu [2] : cette interprétation devient

---

1. *Le Remède dans le mal*, Gallimard, 1989.
2. « Un concours si frappant qui tient du prodige ne peut me laisser douter que son plein succès ne soit écrit dans les décrets éternels [...]. Dieu est juste ; il veut que je souffre ; et il sait que je suis innocent » (II).

alors compatible avec la morale de résignation affichée dès la première promenade. Mais que penser de l'intention initiale du rêveur, qui était d'écarter « de [s]on esprit tous les pénibles objets » (I) ? Aucune des dix promenades n'est exempte de ces idées sombres, et les brefs instants de bonheur qu'elles évoquent apparaissent comme une suspension toute provisoire des peines présentes – ainsi l'*oublieur* de la neuvième promenade qui fait proprement « oublier » le complot universel. Le travail compensatoire des *Rêveries* consistera donc, comme on le verra, à « convertir la douleur en volupté » (VIII) par la toute-puissance du sentiment, qui peut seul garantir la vérité de l'être.

Si Jean-Jacques adopte par endroits le langage des héros de roman, notamment dans les phrases d'ouverture (« Me voici donc seul sur la terre, n'ayant plus de frère, de prochain, d'ami, de société que moi-même » (I), « Le bonheur est un état permanent qui ne semble pas fait ici-bas pour l'homme [1] », IX), c'est qu'il se présente lui-même comme un être d'exception : il est le seul homme selon la nature et le « meilleur des hommes » (lettres à Malesherbes). Cette conviction est réaffirmée dans les *Rêveries* [2], mais elle ne fonde plus une parole destinée à convaincre : elle engage un discours circulaire du rêveur s'absorbant dans sa propre conscience pour y retrouver des bribes d'existence dont l'intensité sera fixée par l'écriture. C'est ce travail de recomposition du passé que Rousseau appelle « rêverie ».

---

1. Phrase que l'on comparera à celles que prononcent les héros de Prévost : « Nous ne sommes pas faits pour ce que le commun des hommes appelle bonheur », dit Cleveland après la mort de sa fille (*Cleveland*, Grenoble, PUG, p. 618).
2. « Heureux si par mes progrès sur moi-même, j'apprends à sortir de la vie, non meilleur, car cela n'est pas possible, mais plus vertueux que je n'y suis entré » (III) ; « Je doute qu'il y ait aucun homme au monde qui ait réellement moins fait [de mal] que moi » (VI).

LA RÊVERIE SELON JEAN-JACQUES

On ne dira jamais assez l'influence déterminante qu'eut le dernier ouvrage de Rousseau sur l'évolution sémantique du mot « rêverie » entre le XVIIIe et le XIXe siècle. Pour les contemporains qui découvrent le texte en 1782, le titre du recueil pouvait se lire *Les Folies du promeneur solitaire* ; il revient à Jean-Jacques d'avoir conféré une acception positive au mot *rêverie* qui passe du sens péjoratif de délire (« vision ») à l'époque classique [1], au sens de méditation au début du siècle (les « rêveries solitaires » mentionnées dans l'« Avis de l'auteur » de *Manon Lescaut*), puis au sens moderne de délassement de l'esprit (« État de l'esprit occupé d'idées vagues », dit Littré citant les *Dialogues de Rousseau juge de Jean-Jacques*). Le rêveur selon Jean-Jacques n'est plus un songe-creux, mais celui qui est à l'écoute de sa vie intérieure. En décrivant les « contemplations charmantes » (I) qui sont le fruit de ses promenades, il reproduit le cours naturel de sa pensée : la rêverie devient le miroir de l'âme de « l'homme selon la nature ».

Dans son élaboration nouvelle de la rêverie, Rousseau part d'une tradition linguistique et culturelle. L'article « rêverie » du *Dictionnaire de Trévoux* (1771) donnait le double sens d'« imagination ridicule » (proposant comme synonymes « chimère », « vision »), et de soucis (« se dit aussi des méditations et des applications, ou des inquiétudes et des soins qui occupent l'esprit »). Le premier sens de « chimère », ou d'« amusement », est conservé dans le recueil de promenades, dans un contexte souvent humoristique : le grand lecteur des *Essais*

---

1. « Resverie : songe extravagant, délire, démence. Signifie aussi action ou proposition déraisonnable, vision. Les auteurs nous ont donné pour des vérités quantité de leurs resveries » (*Dictionnaire* de Furetière, 1691).

qu'est Rousseau n'a certainement pas oublié que
Montaigne appelait ses écrits des « rêvasseries » –
cette autodérision étant destinée à justifier le caractère décousu des *Essais*, mais également à exiger un
mode de lecture ludique [1]. L'évolution du concept
même de rêverie dans les derniers écrits de Jean-
Jacques montre bien l'originalité du traitement qu'il
lui réserve dans les promenades. Dans le *Deuxième
Dialogue* (1772-1776), la rêverie désignait une activité valorisante, liée principalement à l'idée d'une
jouissance passive [2]; mais ce « goût de la rêverie »,
secondé par l'imagination, pouvait devenir « une
passion très vive », donc épuisante pour un être
aussi sensible que lui. Les textes des cartes à jouer
reprenaient cette idée de « bonheur négatif »; ainsi
la dix-septième : « *Rêverie*. D'où j'ai conclu que cet
état m'était agréable plutôt comme une suspension
des peines de la vie que comme une jouissance positive. » De même, la première carte à jouer, souvent
citée (parce que Jean-Jacques y déclare, en manière
de préface : « ma vie entière n'a guère été qu'une
longue rêverie divisée en chapitres par mes promenades de chaque jour ») associe la rédaction des
rêveries à une lutte contre la décrépitude et la mort
– « froides et tristes rêveries », dit la vingt-septième
carte. Cette thématique structure le début de la
deuxième promenade : la rêverie n'est plus que
« réminiscence » (c'est-à-dire souvenirs involontaires et incontrôlables) dans un corps en déclin,
dont les facultés sont épuisées. Pour se « contempler lui-même », Jean-Jacques doit donc se proje-
ter dans le passé, source des « douces rêveries ». Et
c'est dans cette même promenade que le concept de

---

1. « À même que [à mesure que] mes resveries se présentent,
je les entasse ; tantôt elles se pressent en foule, tantôt elles se trainent
à la file. Je veux qu'on voie mon pas naturel et ordinaire,
ainsi détraqué qu'il est » (*Essais*, II, 10).
2. « Dans la rêverie, on n'est point actif. Les images se tracent dans le
cerveau, s'y combinent comme dans le sommeil
sans le concours de la volonté : on laisse à tout cela suivre sa marche,
et l'on jouit sans agir » (*Deuxième Dialogue*).

rêverie va prendre durablement un sens positif, comme l'illustrent les « paisibles méditations » sur les hauteurs de Ménilmontant. Il n'est pas indifférent que ces rêveries sur la condition éphémère de l'homme se poursuivent par une expérience indolore de la mort (décrite comme un plaisir inconnu, ouvrant sur un « calme ravissant ») où l'existence se réduit uniquement aux sensations présentes. La rêverie apparaît comme une tension de l'être vers cet état primordial qui fut un état heureux.

L'entourage sémantique du mot « rêverie » dans les promenades suivantes est révélateur de ce changement d'orientation : on y trouve les termes amusement (VII), méditation (I), contemplation, chimère, égarements, imagination (VII), toujours employés dans un contexte hédoniste (« jouissance », « plaisir », « joie »). La rêverie rousseauiste participe fondamentalement d'une quête du bonheur personnel, commençant par l'oisiveté, le *farniente* que célèbre la cinquième promenade. Rousseau définit ainsi cette vacance de l'esprit, en opposant la rêverie au travail intellectuel :

« La rêverie me délasse et m'amuse, la réflexion me fatigue et m'attriste ; penser fut toujours pour moi une occupation pénible et sans charme. Quelquefois mes rêveries finissent par la méditation, mais plus souvent mes méditations finissent par la rêverie, et durant ces égarements mon âme erre et plane dans l'univers sur les ailes de l'imagination, dans des extases qui passent toute autre jouissance » (VII).

Ce qui caractérise ici la rêverie, c'est la liberté fondamentale qui régit ce vagabondage de l'esprit [1], aussi bien d'un point de vue formel (l'absence de transition entre les promenades) qu'au niveau du projet d'ensemble (Jean-Jacques ne se dit plus soumis à l'impératif moral de l'examen de conscience). Lorsque l'es-

---

1. « Je dirai ce que j'ai pensé tout comme il m'est venu et avec aussi peu de liaison que les idées de la veille en ont d'ordinaire avec celles du lendemain » (I).

prit est dans cet état d'apesanteur, la rêverie peut traduire l'accord parfait du moi et du monde : le topos du paysage état d'âme, qui scande le texte, illustre cette osmose particulière [1]. Cette fusion totale de l'être dans le cosmos s'obtient par la contemplation [2], et par cette activité qui lui est associée dans la cinquième promenade, l'herborisation. La botanique est en effet une autre manière de communier avec le « grand tout » : par elle, Jean-Jacques retrouve un contact primitif avec la nature et, au moyen des « idées accessoires », un souvenir fidèle des « innocents plaisirs » de son jeune âge (VII). À terme, la rêverie exprime le sentiment d'une félicité légitime (« Je goûte un bonheur pour lequel je me sens constitué », VIII), et d'une pureté originelle que les atteintes des hommes n'auront pas réussi à entamer.

La rêverie abolit donc à la fois l'espace (le rêveur déclare non sans humour qu'il pourrait rêver enfermé à la Bastille comme sur l'île Saint-Pierre) et le temps : Jean-Jacques n'a plus besoin d'adopter le ton nostalgique des *Confessions* pour dépeindre le paradis perdu de l'enfance ou celui des Charmettes, il redevient proprement enfant, en passant son temps à ce qu'il nomme justement des « enfantillages » – l'herborisation, le plaisir de faire babiller les enfants qu'il rencontre [3]. Rousseau va

---

1. Ainsi la rêverie sur l'automne dans la deuxième promenade :
« La campagne encore verte et riante, mais défeuillée en partie et déjà presque déserte, offrait partout l'image de la solitude et des approches de l'hiver. Il résultait de son aspect un mélange d'impression douce et triste trop analogue à mon âge et à mon sort pour que je ne m'en fisse pas l'application » (II).
2. « Une rêverie douce et profonde s'empare alors de ses sens, et il se perd avec une délicieuse ivresse dans l'immensité de ce beau système avec lequel il se sent identifié. Alors tous les objets particuliers lui échappent ; il ne voit et ne sent rien que dans le tout. » (VII) ;
« Je ne médite, je ne rêve jamais plus délicieusement que quand je m'oublie moi-même. Je sens des extases, des ravissements inexprimables à me fondre pour ainsi dire dans le système des êtres, à m'identifier avec la nature entière » (VII).
3. Plaisir qui n'est pas exempt d'une certaine gêne, nuancée par l'humour : « je serais bien plus à mon aise devant un monarque d'Asie que devant un bambin qu'il faut faire babiller » (IX).

donc mêler les époques dans un présent qu'il veut éternel, celui des instants heureux : « Chaque jour de ma vie me rappelle avec plaisir celui de la veille, et que je n'en désire point d'autre pour le lendemain » (VIII). Ce vœu de bonheur perpétuel, qui figurait déjà dans la lettre de Saint-Preux sur les vendanges [1], correspond dans la cinquième promenade à un état de plénitude intérieure, « où le présent dure toujours sans néanmoins marquer sa durée et sans aucune trace de succession, sans aucun autre sentiment de privation ni de jouissance, de plaisir ni de peine, de désir ni de crainte que celui seul de notre existence, et que ce sentiment seul puisse la remplir tout entière » (V). Par ce nouveau rapport au temps, le rêveur entend bien perpétuer l'extase solitaire qu'il connaît sur l'île Saint-Pierre (« *Je voudrais que cet instant durât toujours* », V). La rêverie devient alors ce moment privilégié où fusionnent temps biologique (« naturel ») et durée intérieure. L'écriture aura pour mission de fixer, de reconquérir – même de façon fragmentaire – ce temps « perdu », et ce n'est pas un hasard si la dixième promenade est la seule à faire coïncider le moment de la rédaction et le temps du souvenir bienheureux : il n'est pas de plus parfaite conclusion à un recueil que l'on a jugé inachevé [2].

Le temps de la rêverie fait ainsi entrer le lecteur dans un espace affectif et psychologique très particulier, celui du mythe personnel, marqué par le *donc* initial, répété en tête de la seconde promenade (« Me voici *donc* seul sur la terre, n'ayant plus de frère, de prochain, d'ami, de société que moi-même » ; « Ayant *donc* formé le projet de décrire l'état habituel de mon âme... ») et par le flou qui entoure

---

1. « Chacun va se coucher content d'une journée passée dans le travail, la gaieté, l'innocence, et qu'on ne serait pas fâché de recommencer le lendemain, le surlendemain, et toute sa vie » (*La Nouvelle Héloïse*, V, 7, p. 462).
2. Sur le traitement du temps dans les *Rêveries*, nous renvoyons à l'article très complet de P. Rétat signalé dans la bibliographie.

volontairement la date de composition du recueil (l'« événement aussi triste qu'imprévu » qui détermine Jean-Jacques à noter ses rêveries). Seul ce temps mythique peut convenir à cette recherche parcellaire du passé – car il ne s'agit pas d'une reconquête triomphante, comme celle du narrateur de *La Recherche du temps perdu*, qui lui « s'affranchit » du temps en recomposant ses jouissances passées par l'imaginaire. Si la rêverie rousseauiste conduit à cette rencontre entre le souvenir, la jouissance qu'il a procurée, et la reconstitution du moi passé (« comme je vivrais avec un moins vieux ami », II), c'est à travers un cheminement douloureux : Jean-Jacques dit bien dans la seconde promenade qu'il « n'existerait plus que par des souvenirs » (II), sans l'espérance de la vie éternelle. À la limite, on pourrait dire que tout le passé du rêveur se morcelle, sans toutefois se décomposer tout à fait, dans le présent mythique des *Rêveries*.

Cette quête intimiste du bonheur a peu de chose à voir avec la rêverie romantique qui, elle, rimerait plutôt avec « ennui ». On a voulu voir dans le Rousseau des *Rêveries du promeneur solitaire* un « préromantique », anticipant sur les *Méditations* de Lamartine (1820), sinon sur le « vague des passions » de *René* (1802). Or la rêverie rousseauiste n'est pas l'état psychologique du poète romantique, qui relève de l'inadaptation profonde du moi au monde, pour des raisons qui ne sont pas uniquement affectives, mais surtout historiques. La rêverie romantique se confond avec l'état d'âme ; celle de Rousseau est une suspension des impressions extérieures, une recherche du moi originel à travers le passé. Certes, les *Méditations* disent « les innombrables frissons de l'âme et de la nature », dans un langage qui privilégie les sentiments ineffables ; mais cette poésie de l'indistinct traduit une insatisfaction de l'être face à une réalité jugée foncièrement déceptive. L'accueil que rencontrèrent les poésies de Lamartine a du reste valeur de symptôme : il révèle bien le désœuvrement fondamental

de la génération romantique, que sauront parfaitement expliquer des romanciers comme Stendhal et
Balzac. Cet inassouvissement du moi, cette inca-
pacité d'agir ne sont pas le lot de Jean-Jacques : la
rêverie reste pour lui le lieu d'une jouissance où
l'individu, détaché des obligations extérieures à soi
pour ne plus converser qu'avec lui-même, retrouve
une relation authentique avec un monde primitif
recomposé par la pensée. Sur ce point, le seul véritable successeur de Rousseau fut Senancour qui
créa en 1804 avec Oberman (le « rêveur des
Alpes »), un héros de la solitude inspiré du narrateur des *Rêveries*. Dans ses *Libres Méditations d'un
solitaire inconnu* (1819) comme dans ses *Rêveries
sur la nature primitive de l'homme* (1799-1800)
Senancour entend ramener l'homme à la nature
(« cet état facile et simple composé de ses vrais
biens ») et à ses « habitudes primitives » en lui
redonnant le goût de la pureté originelle. Ce projet, basé sur toute la philosophie rousseauiste de la
nature, est illustré dans la dix-septième Rêverie, où
Senancour rend hommage à son maître en reprenant
l'éloge de l'île Saint-Pierre et en développant l'idée
d'oisiveté bénéfique [1].

C'est en effet un des paradoxes de la rêverie
rousseauiste : le *farniente* peut être une activité à
part entière, et même bénéfique à l'individu.
Quelles sont les occupations du rêveur Jean-
Jacques, exilé de la société des hommes ? Il en distingue trois dans la huitième promenade : les loisirs compatibles avec son humeur (« objets
instructifs et même agréables auxquels je livre avec
délices mon esprit et mes sens ») au rang desquels
on peut compter, outre l'herborisation, la fuite dans
l'imaginaire (« avec les enfants de mes fantaisies

---

1. « L'île de Rousseau convient au facile abandon, à la vie douce et
reposée, que choisiront des hommes réunis pour s'éloigner des autres
hommes, pour échapper à la fatigue sociale, et maintenir le rêve d'un
homme de bien à l'abri des vérités de la foule » (*Rêveries sur la nature
primitive de l'homme*, Droz, 1938, p. 232).

que j'ai créés selon mon cœur et dont le commerce en nourrit les sentiments »), et la rêverie centrée sur l'étude et la jouissance du moi (« avec moi seul, content de moi-même et déjà plein du bonheur que je sens m'être dû », VIII). Cette dernière formule résume toute la dimension égotiste [1] du recueil : à la différence des *Mémoires* (de Saint-Simon, de Chateaubriand) qui impliquent le sujet dans l'Histoire, l'autobiographie selon Montaigne ou selon Rousseau relève d'un égotisme qu'il ne faut pas interpréter comme un culte du moi, mais comme un projet autobiographique à part entière [2], exposé non pas dans la première mais dans la seconde promenade. Au cours du recueil, le second type de rêverie (jouir avec des êtres chimériques), pourtant relégué dans un passé lointain – témoignage d'une vigueur créatrice que Jean-Jacques ne se reconnaît plus – s'associe à l'habitude de « rentrer en lui-même » (II). Le rêveur ne renonce pas à décrire ses « fantaisies », mais il substitue à la création littéraire une activité psychologique étroitement liée au « pays des chimères » : le fantasme, avatar moderne du mot « rêverie ».

LA QUÊTE DU MOI INTÉRIEUR

Après les quatre lettres adressées à Malesherbes (1762), les *Confessions* et les trois *Dialogues* intitulés *Rousseau juge de Jean-Jacques* (1772-1776), Rousseau entreprend donc un dernier portrait de son moi. Il inaugure, comme on l'a vu, une écriture autobiographique non linéaire et, s'il place son livre sous

---

1. L'égotisme est la disposition à parler de soi, l'égoïsme est l'attachement à soi-même et à son intérêt personnel. « À prendre le mot d'*égoïsme* dans son vrai sens, ils [les méchants] sont tous égoïstes et qu'il [Jean-Jacques] ne l'est point, parce qu'il ne se met ni à côté, ni au-dessus, ni au-dessous de personne, et que le déplacement de personne n'est nécessaire à son bonheur » (*Deuxième Dialogue*).
2. « L'égotisme, *mais sincère*, est une façon de peindre ce cœur humain », précise Stendhal dans ses *Souvenirs d'égotisme* (chap. IV).

le signe de l'introspection (« Que suis-je moi-même ? Voilà ce qui me reste à chercher », I), il écarte d'emblée le mode de la confession douloureuse ou le mode polémique : seule demeure « la douceur de converser avec [s]on âme » (I). Le « que suis-je ? » introduit un changement d'objectif par rapport à la question « qui suis-je ? » – ou plus exactement « qui est Jean-Jacques ? » – qui sous-tendait les *Dialogues*. Ce dernier texte cherchait à reconstituer l'unité d'un individu éclaté, aliéné par la parole mensongère des autres ; Rousseau lui substitue une « écoute » du moi qui, à l'exemple de la démarche de Montaigne, pourra être conçue comme le seul mode authentique de perception de la nature humaine. Même s'il situe les *Rêveries* dans le prolongement des *Confessions*, il est conduit à redéfinir le projet autobiographique sur la base d'un nouveau solipsisme [1] : « Mon but est de *me* rendre compte des modifications de mon âme et de leurs successions » (I). Au même titre que les *Confessions*, les *Rêveries* retracent plusieurs explorations des zones obscures de la psyché : l'explication d'un mouvement involontaire rattaché à un principe psychologique général (« Nous n'avons guère de mouvement machinal dont nous ne pussions trouver la cause dans notre cœur, si nous savions bien l'y chercher », VI), ou l'analyse du goût « bizarre » pour la botanique, cette « fantaisie raisonnable [2] ». L'écriture du moi va donc être dirigée vers une exposition des sensations, des mobiles psychologiques et des raisons qui gouvernent la morale individuelle revendiquée par Rousseau. La portée autobiographique des *Rêveries* a ainsi un double fondement : philosophique (plus précisément d'inspiration sensualiste) et éthique.

---

1. Théorie philosophique selon laquelle il n'y a d'autre réalité pour le sujet pensant que lui-même.
2. « C'est une bizarrerie que je voudrais m'expliquer ; il me semble que, bien éclaircie, elle pourrait jeter quelque nouveau jour sur cette connaissance de moi-même à l'acquisition de laquelle j'ai consacré mes derniers loisirs » (VII).

Sous l'influence de Locke et de Condillac, Rousseau projetait d'écrire une *Morale sensitive ou Matérialisme du sage* ; de cet ouvrage, conçu comme une interprétation personnelle du sensualisme, il tirera principalement l'*Émile* qui est l'histoire romancée de la naissance d'un être humain à la conscience de soi, et de la compréhension de sa place dans le monde. Dans son *Essai sur l'origine des connaissances humaines* (1746), Condillac rapporte toutes les facultés de l'âme à un même principe : la faculté de sentir. Des sensations se déduisent les besoins, puis les idées ; en conséquence, toute la formation de l'être humain est soumise à son développement organique, selon un schéma qui est réélaboré dans l'*Émile* à partir des notions de liberté et de morale du sentiment : dirigé dans son enfance par les sensations (effets de la « sensibilité physique »), l'homme doit cultiver par la suite ses sentiments (effets de la « sensibilité morale ») qui indiquent la seule ligne de conduite authentique. Tels sont les principes rappelés dans la troisième promenade, où Jean-Jacques résume les grandes lignes de la *Profession de foi du vicaire savoyard* (« ma règle de me livrer au sentiment plutôt qu'à la raison est confirmée par la raison même », disait le vicaire). Mais l'ensemble des *Rêveries* comporte moins une analyse intellectuelle du moi qu'une illustration du meilleur usage que Jean-Jacques puisse faire de ses sens et de leur action sur son âme. Ainsi, l'accident de Ménilmontant retrace partiellement une expérience « sensualiste », dans la mesure où Rousseau ne se sent plus exister que par les sensations extérieures, sans avoir recours à la pensée. Aussi les moments égotistes des *Rêveries* visent-ils à retrouver une sorte de « moi primitif » particulier : « Ces heures de solitude et de méditation sont les seules de la journée où je sois pleinement moi et à moi sans diversion, sans obstacle, et où je puisse véritablement dire être ce que la nature a voulu » (I). Pour le philosophe Rousseau, le vrai moi est le moi non aliéné par la société et qu'anime un amour de soi naturel.

Cet amour de soi est théorisé très tôt dans l'œuvre de Rousseau. Une note du *Discours sur l'origine et les fondements de l'inégalité parmi les hommes* (1754) établit clairement la distinction entre amour-propre et amour de soi : « L'amour de soi-même est un sentiment naturel qui porte tout animal à veiller à sa propre conservation et qui, dirigé dans l'homme par la raison et modifié par la pitié, produit l'humanité et la vertu. L'amour-propre n'est qu'un sentiment relatif, factice et né dans la société, qui porte chaque individu à faire plus de cas de soi que de tout autre [1]. » Dans la septième promenade, Jean-Jacques avoue avoir été sensible à la gloire, dans le temps de ses premiers succès littéraires, et fustige la vanité d'auteur qui sévit dans le milieu tant détesté des « philosophes » (« Cette passion factice s'était exaltée en moi dans le monde, et surtout quand je fus auteur », VII). L'amour-propre – « principe de toute méchanceté » dit-il dans le *Deuxième Dialogue* – se nourrit en effet de la trop haute estime de soi : il est ainsi à la base de l'inégalité sociale et des préjugés (le second discours définit l'amour-propre comme la « véritable source de l'honneur »). À l'inverse, l'amour de soi produit l'amour de l'humanité, et conduit l'individu à faire le bien : c'est ainsi que la neuvième promenade oppose fortement les « tristes plaisirs » de la brillante société réunie chez M. d'Épinay à la joie simple que procure la distribution des pommes aux petits Savoyards. L'amour de soi, premier sentiment que se reconnaît Jean-Jacques, fonde l'égotisme des *Rêveries* en principe :

« En se repliant sur mon âme et en coupant les relations extérieures qui le rendent exigeant, en renonçant aux comparaisons et aux préférences, il [l'amour-propre] s'est contenté que je fusse bon pour moi ; alors *redevenant amour de moi-même* il est rentré dans l'ordre de la nature et m'a

---

1. *Discours sur l'origine et les fondements de l'inégalité parmi les hommes*, p. 196.

délivré du joug de l'opinion. Dès lors j'ai retrouvé la paix de l'âme et presque la félicité » (VIII, nous soulignons).

L'amour-propre était le signe d'une dénaturation de l'être par la société : l'individu soumis à des sentiments artificiels ne pouvait plus jouir de son vrai moi. L'isolement du « promeneur solitaire » lui a permis de « rentrer en lui-même », selon une formule qui peint fort justement les mouvements d'introspection rapportés dans les *Rêveries*. L'écriture autobiographique prend alors valeur de refuge contre les agressions du monde extérieur (« Livrons-nous tout entier à la douceur de converser avec mon âme puisqu'elle est la seule que les hommes ne puissent m'ôter », I) et tire sa force de la tranquillité de l'âme, affirmée à plusieurs reprises dans la première et la huitième promenade. *Intus et in cute* (« à l'intérieur et sous la peau ») disait l'épigraphe des *Confessions* : il s'agissait alors d'une vivisection morale, surtout dans les derniers livres – un « cœur mis à nu » pour reprendre le titre que Baudelaire donne à ses pensées intimes. À l'inverse, les *Rêveries* tendent à reproduire – sinon à appeler de leurs vœux – cet apaisement profond du moi, ce « repos » qui reste un des horizons du recueil.

L'opinion des hommes ne compte plus : dès les premières pages, ils sont déclarés inexistants (« nuls ») pour celui qui se nourrit de ses propres pensées, de sa seule existence (« Seul pour le reste de ma vie, puisque je ne trouve qu'en moi la consolation, l'espérance et la paix, je ne dois ni ne veux plus m'occuper que de moi », I). La huitième promenade précise cet idéal autarcique qui apparaît comme le prolongement de la farouche indépendance affichée par le citoyen Rousseau : « Réduit à moi seul, je me nourris, il est vrai, de ma propre substance, mais elle ne s'épuise pas et je me suffis à moi-même » (VIII). La cinquième promenade, quant à elle, illustre pleinement cette auto-suffisance recherchée dans la rêverie ; le pur sentiment de l'existence succède alors à l'expansion de l'âme dans la nature :

« De quoi jouit-on dans une pareille situation ? De rien d'extérieur à soi, de rien sinon de soi-même et de sa propre existence, tant que cet état dure on se suffit à soi-même comme Dieu » (V).

Sans doute Rousseau approche-t-il dans cette page de la notion moderne de narcissisme, au sens d'amour que le sujet porte à lui-même [1]. On retiendra surtout de cette extase la comparaison au Créateur qui prend dans les *Rêveries* valeur de symptôme. Pareille assimilation de Jean-Jacques à Dieu revient à trois autres reprises dans le recueil : pour donner une image de sa sérénité au sein de ses malheurs (« M'y voilà tranquille au fond de l'abîme, pauvre mortel infortuné, mais impassible comme Dieu même », I), pour exprimer un souhait d'omnipotence (« Si j'eusse été invisible et tout-puissant comme Dieu... », VI) et pour témoigner de sa sincérité absolue dans les *Confessions* (« Ma conscience m'assure qu'un jour je serai jugé moins sévèrement que je ne me suis jugé moi-même », IV). Ajoutons que la cinquième promenade s'achève sur le triomphe de l'imaginaire : grâce à la confusion entre réalité et fiction [2], Jean-Jacques peut émettre le vœu de se « transporter chaque jour sur les ailes de l'imagination » (V) dans cette retraite édénique de l'île Saint-Pierre. Ces éléments permettent de reconnaître dans l'identification au Dieu créateur un fantasme de démiurgie : recomposer le monde à son image est aussi un moyen d'échapper à la réalité douloureuse. Cette activité de l'esprit participe alors de la nouvelle quête du moi entreprise dans les *Rêveries*.

---

1. Nous renvoyons sur ce point à un article fondateur de L. Viglieno : « Narcisse auteur dramatique ou "Pour introduire le narcissisme" de Rousseau », in *Hommage à Pierre Nardin*, Les Belles Lettres, 1977, p. 147-156.
2. « J'assimilais à mes fictions tous ces aimables objets et me trouvant enfin ramené par degrés à moi-même et à ce qui m'entourait, je ne pouvais marquer le point de séparation des fictions aux réalités ; tant tout concourait également à me rendre chère la vie recueillie et solitaire que je menais dans ce beau séjour » (V).

« Le pays des chimères est en ce monde le seul digne d'être habité », disaient et l'héroïne de *La Nouvelle Héloïse*[1] et le Jean-Jacques des *Confessions* (IX). Le refuge dans la rêverie « chimérique » se retrouve également dans les *Rêveries*, sous forme de fantasme au sens moderne, à savoir un scénario imaginaire où le sujet est présent, et qui illustre un désir – en dernier ressort, un désir inconscient : l'élaboration du fantasme est comparable au travail psychique du rêve. Ainsi, la rêverie sur l'anneau de Gygès dans la sixième promenade fournit un autre exemple de fantasme de démiurgie, où la mythologie antique est convoquée comme support plaisant des valeurs chrétiennes (« Si j'eusse été invisible et tout-puissant comme Dieu, j'aurais été bienfaisant et bon comme lui », VI). Or le rêveur s'investit entièrement de ces idéaux, à travers une réflexion sur la notion de bienfaisance universelle[2], qui va parcourir le recueil : « Je ne pouvais être heureux que de la félicité publique » répète-t-il dans trois promenades (VI, VII, IX). Ce souhait est réalisé dans la neuvième promenade, où Jean-Jacques devient le bienfaiteur improvisé de la petite troupe de pensionnaires – dont il prend soin de souligner qu'elles sont toutes laides : le bienfait doit rester désintéressé. Le promeneur qui désire voir « tous les cœurs contents » ne fait pas seulement preuve de largesse, mais aussi d'impartialité : le partage des oublies est équitable, nivelant l'inégalité sociale entre les petites filles, et les petites disputes sont portées devant son « tribunal ». Jean-Jacques peut ainsi incarner la loi et la sagesse, et jouir pleinement de sa bienfaisance en la lisant dans le regard des autres – par exemple des spectateurs qui partagent la joie des petits Savoyards (IX). Faire le bien devient une passion qui trouve un exutoire dans les productions imagi-

---

1. *La Nouvelle Héloïse*, VI, 8, p. 528.
2. « L'aspect de la félicité publique eût pu seul toucher mon cœur d'un sentiment permanent, et l'ardent désir d'y concourir eût été ma plus constante passion » (VI).

naires, mais qui reste entravée dans la réalité par la
« timidité » de Jean-Jacques (comme le montre
l'exemple du vieil invalide, IX). Ne peut-on voir
aussi dans cette bonté, donnée comme une soumis-
sion aux idéaux collectifs, une volonté de maîtrise
totale sur les êtres et sur les choses ? Ainsi, pour
que le bienfait soit réussi, il faut qu'il soit *truqué* :
l'oublieur est invité « en secret » à « user de son
adresse en sens contraire », afin de ne léser aucune
des pensionnaires... Resurgit alors le fantasme de
toute-puissance qui sous-tend les discours de Rousseau dans l'*Émile*. Le créateur littéraire, à l'instar du
Créateur des mondes ou de Pygmalion[1], éprouve
en effet une jouissance particulière à imaginer des
êtres parfaits formés à son image. Le précepteur
d'Émile opposait son élève raisonnable et exempt de
tout *besoin* superflu aux jeunes étourdis qui se jettent dans le grand monde, en proie à mille « passions
dévorantes[2] ». La quatrième promenade reprend cette
antithèse entre « l'homme vrai » selon Jean-Jacques
et l'homme « vrai » selon l'opinion commune, ou
plus exactement mondaine : le premier se fait « une
idée si haute de la vérité qu'il ne la sert si fidèlement
que quand il faut s'immoler pour elle », tandis que
le second ne s'attache qu'à des vérités « oiseuses »
(IV). Cette idée de sacrifice de soi aux valeurs de
justice et de vérité, une des composantes majeures
de l'imaginaire de Rousseau, rejoint ici la position
que revendique le détenteur de la vérité, exilé de la
communauté des hommes. Seulement, dans les *Rêve-*
ries, la réunion d'êtres vertueux (telle qu'elle est
illustrée dans *La Nouvelle Héloïse*) n'est plus *ima-*
ginable : la tonalité intimiste du recueil l'oriente vers
la réinvention d'un moi authentique et autarcique.
Il est donc possible, à la suite de Laurence Viglieno[3],

---

1. Rousseau a écrit en 1762 un *Pygmalion*, inspiré par la légende du
sculpteur amoureux de sa statue.
2. *Émile*, IV, p. 297.
3. « Le fantasme de l'enterré vif dans les *Rêveries* ou le "complexe du
cyclope" » (article cité dans la bibliographie).

de dégager de ces rêveries « chimériques » une fantasmatique rousseauiste cohérente, permettant de ne
plus traiter séparément le mythe biographique, les
textes théoriques et les œuvres de fictions.

Ce texte qui a, par les circonstances mêmes de la
rédaction, valeur de bilan, n'est pas présenté comme
tel par Jean-Jacques, et l'on serait bien en peine d'y
lire un quelconque « testament littéraire ». Ce que
l'on peut retenir de cette entreprise autobiographique
d'un tout autre ordre que les textes antérieurs, c'est
l'élan vitaliste qui émerge d'une situation désespérée, et qui permet au rêveur de dépasser les « froides
et tristes rêveries » des premières promenades. La
réconciliation avec la société étant jugée impossible,
l'introspection (recherche du vrai moi) ou
l'absorption de la conscience dans les sensations
primordiales (cinquième promenade) demeurent les
seules sources de jouissance de soi. « J'aspire au
moment où, délivré des entraves du corps, je serai
moi sans contradiction, sans partage, et n'aurai besoin
que de moi pour être heureux », disait le vicaire
savoyard au jeune Jean-Jacques [1], donnant une vision
solipsiste de l'Au-delà. À leur manière, les *Rêveries*
anticipent sur un tel état, mais sans aucune perspective mystique [2] : la destinée de Rousseau est réinterprétée en fonction d'une mythologie personnelle
qui érige en culte la figure chérie de « Maman ».
Le recueil s'achève ainsi sur une renaissance de
l'âme par l'amour : la dixième promenade associe
Mme de Warens à cette date symbolique de « Pâques
fleuries », et à une vision idéalisée du séjour aux
Charmettes, espace privilégié de la plénitude intérieure (« cet unique et court temps de ma vie où je
fus moi pleinement, sans mélange et sans obstacle,

---

1. *Émile*, IV, p. 382.
2. La seule référence mystique des *Rêveries* se trouve dans la
cinquième promenade : « Délivré de toutes les passions terrestres
qu'engendre le tumulte de la vie sociale, mon âme s'élancerait
fréquemment au-dessus de cette atmosphère, et commencerait d'avance
avec les intelligences célestes dont elle espère aller
augmenter le nombre dans peu de temps » (V).

et où je puis véritablement dire avoir vécu »). S'agis-
sait-il, là aussi, de « jouir, comme Dieu seul », auprès
d'une divinité maternelle ? L'extase provoquée par
la rêverie sur le lac de Bienne avait lieu dans une
nature qui n'était pas elle-même sans attributs mater-
nels : bercement primitif, quasi-immersion dans l'élé-
ment liquide qui entoure le rêveur – lequel recrée
l'espace réel en inventant une rivière dans l'île. Rousseau a réactivé au cours de ses promenades
d'herboriste la métaphore mère-nature[1] ; à la fin
de son texte, il en donne un sens précis : ce Paradis
retrouvé, lieu de la véritable naissance de Jean-
Jacques, apparaît comme une conjuration de la mort.

Érik LEBORGNE.

---

1. « Alors me réfugiant chez la mère commune j'ai cherché dans ses
bras à me soustraire aux atteintes de ses enfants » (VII).

Les rêveries
du promeneur
solitaire

Première promenade

Me voici donc seul sur la terre, n'ayant plus de frère, de prochain, d'ami, de société que moi-même. Le plus sociable et le plus aimant des humains en a été proscrit [1] par un accord unanime. Ils ont cherché dans les raffinements de leur haine quel tourment pouvait être le plus cruel à mon âme sensible, et ils ont brisé violemment tous les liens qui m'attachaient à eux. J'aurais aimé les hommes en dépit d'eux-mêmes [2]. Ils n'ont pu qu'en cessant de l'être se dérober à mon affection. Les voilà donc étrangers, inconnus, nuls enfin pour moi puisqu'ils l'ont voulu. Mais moi, détaché d'eux et de tout, que suis-je moi-même ? Voilà ce qui me reste à chercher. Malheureusement cette recherche doit être précédée d'un coup d'œil sur ma position. C'est une idée par laquelle il faut nécessairement que je passe pour arriver d'eux à moi.

Depuis quinze ans et plus [3] que je suis dans cette étrange position, elle me paraît encore un rêve [4]. Je m'imagine toujours qu'une indigestion me tourmente, que je dors d'un mauvais sommeil, et que je vais me réveiller bien soulagé de ma peine en me retrouvant avec mes amis. Oui, sans

---

1. Rejeté.
2. Malgré eux.
3. Chronologie approximative : l'exil de Rousseau date de 1762, mais il fait remonter le « complot universel » à 1757-1758 dans ses *Confessions*.
4. Au sens de « mauvais rêve » et non au sens de « rêverie ».

doute, il faut que j'aie fait sans que je m'en aperçusse un saut de la veille au sommeil, ou plutôt de la vie à la mort. Tiré je ne sais comment de l'ordre des choses, je me suis vu précipité dans un chaos incompréhensible où je n'aperçois rien du tout ; et plus je pense à ma situation présente et moins je puis comprendre où je suis.

Eh ! comment aurais-je pu prévoir le destin qui m'attendait ? Comment le puis-je concevoir encore aujourd'hui que j'y suis livré ? Pouvais-je dans mon bon sens supposer qu'un jour, moi le même homme que j'étais, le même que je suis encore, je passerais, je serais tenu sans le moindre doute pour un monstre, un empoisonneur, un assassin, que je deviendrais l'horreur de la race humaine, le jouet de la canaille [1], que toute la salutation que me feraient les passants serait de cracher sur moi, qu'une génération tout entière s'amuserait d'un accord unanime à m'enterrer tout vivant ? Quand cette étrange révolution [2] se fit, pris au dépourvu, j'en fus d'abord bouleversé. Mes agitations, mon indignation, me plongèrent dans un délire qui n'a pas eu trop de dix ans pour se calmer [3], et dans cet intervalle, tombé d'erreur en erreur, de faute en faute, de sottise en sottise, j'ai fourni par mes imprudences aux directeurs [4] de ma destinée autant d'instruments qu'ils ont habilement mis en œuvre pour la fixer sans retour.

Je me suis débattu longtemps aussi violemment que vainement. Sans adresse, sans art, sans dissimulation, sans prudence, franc, ouvert, impatient, emporté, je n'ai fait en me débattant que m'enlacer davantage et leur donner incessamment de nouvelles prises qu'ils n'ont eu garde de négliger. Sentant enfin tous mes efforts inutiles et me tourmentant à pure perte [5] j'ai pris le seul parti qui me restait à prendre, celui de me soumettre à ma destinée sans plus regimber [6] contre la nécessité. J'ai trouvé dans cette résignation le dédommagement de tous mes maux par la

---

1. La populace.
2. Bouleversement.
3. Allusion probable au délire de persécution qui le frappe en 1767, durant son exil en Angleterre.
4. Ceux qui dirigent son destin par leurs calomnies.
5. En pure perte.
6. Se rebiffer, résister à.

tranquillité qu'elle me procure et qui ne pouvait s'allier avec le travail[1] continuel d'une résistance aussi pénible qu'infructueuse.

Une autre chose a contribué à cette tranquillité. Dans tous les raffinements de leur haine mes persécuteurs en ont omis un que leur animosité leur a fait oublier ; c'était d'en graduer si bien les effets qu'ils pussent entretenir et renouveler mes douleurs sans cesse en me portant toujours quelque nouvelle atteinte. S'ils avaient eu l'adresse de me laisser quelque lueur d'espérance ils me tiendraient encore par là. Ils pourraient faire encore de moi leur jouet par quelque faux leurre[2], et me navrer[3] ensuite d'un tourment toujours nouveau par mon attente déçue. Mais ils ont d'avance épuisé toutes leurs ressources ; en ne me laissant rien ils se sont tout ôté à eux-mêmes. La diffamation, la dépression[4], la dérision, l'opprobre[5] dont ils m'ont couvert ne sont pas plus susceptibles d'augmentation que d'adoucissement ; nous sommes également hors d'état, eux de les aggraver et moi de m'y soustraire. Ils se sont tellement pressés de porter à son comble la mesure de ma misère que toute la puissance humaine aidée de toutes les ruses de l'enfer, n'y saurait plus rien ajouter. La douleur physique elle-même au lieu d'augmenter mes peines y ferait diversion. En m'arrachant des cris, peut-être, elle m'épargnerait des gémissements, et les déchirements de mon corps suspendraient ceux de mon cœur.

Qu'ai-je encore à craindre d'eux puisque tout est fait ? Ne pouvant plus empirer[6] mon état ils ne sauraient plus m'inspirer d'alarmes. L'inquiétude et l'effroi sont des maux dont ils m'ont pour jamais délivré : c'est toujours un soulagement. Les maux réels ont sur moi peu de prise ; je prends aisément mon parti sur ceux que j'éprouve, mais non pas sur ceux que je crains. Mon imagination effarouchée les combine, les retourne, les étend et les augmente.

---

1. Torture, tourment.
2. Piège, artifice servant à tromper.
3. Me blesser.
4. Abaissement.
5. La honte, le déshonneur.
6. Aggraver (rendre pire).

Leur attente me tourmente cent fois plus que leur présence, et la menace m'est plus terrible que le coup. Sitôt qu'ils arrivent, l'événement [1] leur ôtant tout ce qu'ils avaient d'imaginaire les réduit à leur juste valeur. Je les trouve alors beaucoup moindres que je ne me les étais figurés, et même au milieu de ma souffrance je ne laisse pas de [2] me sentir soulagé. Dans cet état, affranchi [3] de toute nouvelle crainte et délivré de l'inquiétude de l'espérance, la seule habitude suffira pour me rendre de jour en jour plus supportable une situation que rien ne peut empirer, et à mesure que le sentiment s'en émousse par la durée ils n'ont plus de moyens pour le ranimer. Voilà le bien que m'ont fait mes persécuteurs en épuisant sans mesure tous les traits de leur animosité. Ils se sont ôté sur moi tout empire [4], et je puis désormais me moquer d'eux.

Il n'y a pas deux mois encore qu'un plein calme est rétabli dans mon cœur. Depuis longtemps je ne craignais plus rien, mais j'espérais encore, et cet espoir tantôt bercé tantôt frustré était une prise par laquelle mille passions diverses ne cessaient de m'agiter. Un événement aussi triste qu'imprévu [5] vient enfin d'effacer de mon cœur ce faible rayon d'espérance et m'a fait voir ma destinée fixée à jamais sans retour ici-bas. Dès lors je me suis résigné sans réserve et j'ai retrouvé la paix.

Sitôt que j'ai commencé d'entrevoir la trame [6] dans toute son étendue, j'ai perdu pour jamais l'idée de ramener de mon vivant le public sur mon compte et même ce retour ne pouvant plus être réciproque me serait désormais bien inutile. Les hommes auraient beau revenir à moi, ils ne me retrouveraient plus. Avec le dédain qu'ils m'ont inspiré leur commerce me serait insipide et même à charge, et je suis cent fois plus heureux dans ma solitude que je ne pourrais l'être en vivant avec

---

1. Le résultat réel (opposé au résultat imaginé).
2. Je ne manque pas de.
3. Délivré.
4. Tout contrôle.
5. Événement resté mystérieux, et laissé volontairement dans l'ombre par Rousseau. Plusieurs hypothèses ont été avancées : allusion aux conséquences de sa chute, rapportée dans la deuxième promenade ? à la mort de son protecteur le prince de Conti, survenue le 2 août 1776 ?
6. Allusion au « complot » tissé par ses ennemis.

eux. Ils ont arraché de mon cœur toutes les douceurs de la société. Elles n'y pourraient plus germer derechef [1] à mon âge ; il est trop tard. Qu'ils me fassent désormais du bien ou du mal tout m'est indifférent de leur part, et quoi qu'ils fassent, mes contemporains ne seront jamais rien pour moi.

Mais je comptais encore sur l'avenir, et j'espérais qu'une génération meilleure, examinant mieux et les jugements portés par celle-ci sur mon compte et sa conduite avec moi, démêlerait aisément l'artifice [2] de ceux qui la dirigent et me verrait enfin tel que je suis. C'est cet espoir qui m'a fait écrire mes *Dialogues*, et qui m'a suggéré mille folles tentatives pour les faire passer à la postérité [3]. Cet espoir, quoique éloigné, tenait mon âme dans la même agitation que quand je cherchais encore dans le siècle un cœur juste, et mes espérances que j'avais beau jeter au loin me rendaient également le jouet des hommes d'aujourd'hui. J'ai dit dans mes *Dialogues* sur quoi je fondais cette attente. Je me trompais. Je l'ai senti par bonheur assez à temps pour trouver encore avant ma dernière heure un intervalle de pleine quiétude et de repos absolu. Cet intervalle a commencé à l'époque dont je parle [4], et j'ai lieu de croire qu'il ne sera plus interrompu.

Il se passe bien peu de jours que de nouvelles réflexions ne me confirment combien j'étais dans l'erreur de compter sur le retour du public, même dans un autre âge ; puisqu'il est conduit dans ce qui me regarde par des guides qui se renouvellent sans cesse dans les corps qui m'ont pris en aversion. Les particuliers meurent, mais les corps collectifs ne meurent point. Les mêmes passions s'y perpétuent, et leur haine ardente, immortelle comme le démon qui l'inspire, a toujours la même activité. Quand tous mes ennemis particuliers seront morts, les médecins, les oratoriens [5]

---

1. Une nouvelle fois.
2. La ruse, les mensonges. Voir plus haut le mot « leurre ».
3. Voir la chronologie de l'année 1776.
4. Juillet 1776, époque de la rédaction de l'*Histoire du précédent écrit* [les *Dialogues*], où Rousseau parle du calme qui a succédé à cette « agitation ».
5. Les membres de l'Oratoire, congrégation religieuse qui comptait plusieurs opposants aux thèses de *La Profession de foi du vicaire savoyard*. Mais Rousseau désigne sans doute de ce terme tous les représentants des institutions religieuses liguées contre lui.

vivront encore, et quand je n'aurais pour persécuteurs que ces deux corps-là, je dois être sûr qu'ils ne laisseront pas plus de paix à ma mémoire après ma mort qu'ils n'en laissent à ma personne de mon vivant. Peut-être, par trait de temps, les médecins, que j'ai réellement offensés, pourraient-ils s'apaiser : mais les oratoriens que j'aimais, que j'estimais, en qui j'avais toute confiance, et que je n'offensai jamais [1], les oratoriens, gens d'Église et demi-moines, seront à jamais implacables ; leur propre iniquité fait mon crime que leur amour-propre ne me pardonnera jamais, et le public dont ils auront soin d'entretenir et ranimer [2] l'animosité sans cesse, ne s'apaisera pas plus qu'eux.

Tout est fini pour moi sur la terre. On ne peut plus m'y faire ni bien ni mal. Il ne me reste plus rien à espérer ni à craindre en ce monde, et m'y voilà tranquille au fond de l'abîme, pauvre mortel infortuné, mais impassible comme Dieu même.

Tout ce qui m'est extérieur m'est étranger désormais. Je n'ai plus en ce monde ni prochain, ni semblables, ni frères. Je suis sur la terre comme dans une planète étrangère, où je serais tombé de celle que j'habitais. Si je reconnais autour de moi quelque chose ce ne sont que des objets affligeants et déchirants pour mon cœur, et je ne peux jeter les yeux sur ce qui me touche et m'entoure sans y trouver toujours quelque sujet de dédain qui m'indigne, ou de douleur qui m'afflige. Écartons donc de mon esprit tous les pénibles objets dont je m'occuperais aussi douloureusement qu'inutilement. Seul pour le reste de ma vie, puisque je ne trouve qu'en moi la consolation, l'espérance et la paix, je ne dois ni ne veux plus m'occuper que de moi. C'est dans cet état que je reprends la suite de l'examen sévère et sincère que j'appelai jadis mes *Confessions*. Je consacre mes derniers jours à m'étudier moi-même et à préparer d'avance le compte que je ne tarderai pas à rendre de moi. Livrons-nous tout entier à la douceur de converser avec mon âme puisqu'elle est la seule que les hommes ne puissent m'ôter. Si à force de réfléchir sur mes dispositions intérieures je parviens à les mettre en meilleur ordre et à corriger le mal

---

1. Que je n'ai jamais offensés.
2. Et de ranimer.

qui peut y rester, mes méditations ne seront pas entièrement inutiles, et quoique je ne sois plus bon à rien sur la terre, je n'aurai pas tout à fait perdu mes derniers jours. Les loisirs de mes promenades journalières ont souvent été remplis de contemplations charmantes dont j'ai regret d'avoir perdu le souvenir. Je fixerai par l'écriture celles qui pourront me venir encore ; chaque fois que je les relirai m'en rendra la jouissance. J'oublierai mes malheurs, mes persécuteurs, mes opprobres, en songeant au prix qu'avait mérité mon cœur.

Ces feuilles ne seront proprement qu'un informe journal de mes rêveries. Il y sera beaucoup question de moi parce qu'un solitaire qui réfléchit s'occupe nécessairement beaucoup de lui-même. Du reste toutes les idées étrangères qui me passent par la tête en me promenant y trouveront également leur place. Je dirai ce que j'ai pensé tout comme il m'est venu et avec aussi peu de liaison que les idées de la veille en ont d'ordinaire avec celles du lendemain. Mais il en résultera toujours une nouvelle connaissance de mon naturel et de mon humeur par celle des sentiments et des pensées dont mon esprit fait sa pâture journalière dans l'étrange état où je suis. Ces feuilles peuvent donc être regardées comme un appendice de mes *Confessions*, mais je ne leur en donne plus le titre, ne sentant plus rien à dire qui puisse le mériter. Mon cœur s'est purifié à la coupelle [1] de l'adversité, et j'y trouve à peine en le sondant avec soin quelque reste de penchant répréhensible. Qu'aurais-je encore à confesser quand toutes les affections terrestres en sont arrachées ? Je n'ai pas plus à me louer qu'à me blâmer : je suis nul [2] désormais parmi les hommes, et c'est tout ce que je puis être, n'ayant plus avec eux de relation réelle, de véritable société. Ne pouvant plus faire aucun bien qui ne tourne à mal, ne pouvant plus agir sans nuire à autrui ou à moi-même, m'abstenir est devenu mon unique devoir, et je le remplis autant qu'il est en moi. Mais dans ce désœuvrement du corps mon âme est encore active, elle produit encore des sentiments, des pensées, et sa vie interne et

---

1. À l'épreuve de (métaphore chimique : la coupelle est un creuset servant à purifier l'or et l'argent).
2. Je ne compte plus.

morale semble encore s'être accrue par la mort de tout intérêt terrestre et temporel. Mon corps n'est plus pour moi qu'un embarras, qu'un obstacle, et je m'en dégage d'avance autant que je puis.

Une situation si singulière mérite assurément d'être examinée et décrite, et c'est à cet examen que je consacre mes derniers loisirs. Pour le faire avec succès il y faudrait procéder avec ordre et méthode : mais je suis incapable de ce travail et même il m'écarterait de mon but qui est de me rendre compte des modifications de mon âme et de leurs successions. Je ferai sur moi-même à quelque égard les opérations que font les physiciens sur l'air pour en connaître l'état journalier. J'appliquerai le baromètre à mon âme, et ces opérations bien dirigées et longtemps répétées me pourraient fournir des résultats aussi sûrs que les leurs. Mais je n'étends pas jusque-là mon entreprise. Je me contenterai de tenir le registre des opérations sans chercher à les réduire en système. Je fais la même entreprise que Montaigne, mais avec un but tout contraire au sien : car il n'écrivait ses *Essais* que pour les autres, et je n'écris mes rêveries que pour moi [1]. Si dans mes plus vieux jours aux approches du départ, je reste, comme je l'espère, dans la même disposition où je suis, leur lecture me rappellera la douceur que je goûte à les écrire, et faisant renaître ainsi pour moi le temps passé, doublera pour ainsi dire mon existence. En dépit des hommes je saurai goûter encore le charme de la société et je vivrai décrépit avec moi dans un autre âge, comme je vivrais avec un moins vieux ami.

J'écrivais mes premières *Confessions* et mes *Dialogues* dans un souci continuel sur les moyens de les dérober aux mains rapaces de mes persécuteurs, pour les transmettre s'il était possible à d'autres générations. La même inquiétude ne me tourmente plus pour cet écrit, je sais qu'elle serait inutile, et le désir d'être mieux connu des hommes s'étant éteint dans mon cœur, n'y laisse qu'une indifférence profonde sur le sort et de mes vrais écrits et des monuments [2]

---

1. « J'avais toujours ri de la fausse naïveté de Montaigne qui faisant semblant d'avouer ses défauts à grand soin de ne s'en donner que d'aimables », disait Rousseau dans ses *Confessions* (X).
2. Témoignages.

de mon innocence, qui déjà peut-être ont été tous pour jamais anéantis. Qu'on épie ce que je fais, qu'on s'inquiète de ces feuilles, qu'on s'en empare, qu'on les supprime, qu'on les falsifie, tout cela m'est égal désormais. Je ne les cache ni ne les montre. Si on me les enlève de mon vivant on ne m'enlèvera ni le plaisir de les avoir écrites, ni le souvenir de leur contenu, ni les méditations solitaires dont elles sont le fruit et dont la source ne peut s'éteindre qu'avec mon âme. Si dès mes premières calamités j'avais su ne point regimber contre ma destinée, et prendre le parti que je prends aujourd'hui, tous les efforts des hommes, toutes leurs épouvantables machines [1] eussent été sur moi sans effet, et ils n'auraient pas plus troublé mon repos par toutes leurs trames qu'ils ne peuvent le troubler désormais par tous leurs succès ; qu'ils jouissent à leur gré de mon opprobre, ils ne m'empêcheront pas de jouir de mon innocence et d'achever mes jours en paix malgré eux.

---

1. Ruses, adresses, machinations.

Seconde promenade

Ayant donc formé le projet de décrire l'état habituel de mon âme dans la plus étrange position où se puisse jamais trouver un mortel, je n'ai vu nulle manière plus simple et plus sûre d'exécuter cette entreprise que de tenir un registre fidèle de mes promenades solitaires et des rêveries qui les remplissent quand je laisse ma tête entièrement libre, et mes idées suivre leur pente sans résistance et sans gêne. Ces heures de solitude et de méditation sont les seules de la journée où je sois pleinement moi et à moi sans diversion, sans obstacle, et où je puisse véritablement dire être ce que la nature a voulu.

J'ai bientôt senti que j'avais trop tardé d'exécuter ce projet. Mon imagination déjà moins vive ne s'enflamme plus comme autrefois à la contemplation de l'objet qui l'anime, je m'enivre moins du délire de la rêverie ; il y a plus de réminiscence [1] que de création dans ce qu'elle produit désormais, un tiède alanguissement énerve [2] toutes mes facultés, l'esprit de vie s'éteint en moi par degrés ; mon âme ne s'élance plus qu'avec peine hors de sa caduque [3] enveloppe, et sans l'espérance de l'état auquel j'aspire parce que je m'y sens avoir droit, je n'existerais plus que par des souvenirs. Ainsi pour me contempler moi-même avant mon

---

1. « Mémoire qui revient des choses passées et oubliées » (*Dictionnaire de Trévoux*).
2. Affaiblit, privé de toute énergie.
3. Qui touche à sa fin.

déclin, il faut que je remonte au moins de quelques années au temps où perdant tout espoir ici-bas et ne trouvant plus d'aliment pour mon cœur sur la terre, je m'accoutumais peu à peu à le nourrir de sa propre substance et à chercher toute sa pâture au-dedans de moi.

Cette ressource, dont je m'avisai trop tard, devint si féconde qu'elle suffit bientôt pour me dédommager de tout. L'habitude de rentrer en moi-même me fit perdre enfin le sentiment et presque le souvenir de mes maux, j'appris ainsi par ma propre expérience que la source du vrai bonheur est en nous, et qu'il ne dépend pas des hommes de rendre vraiment misérable celui qui sait vouloir être heureux. Depuis quatre ou cinq ans je goûtais habituellement ces délices internes que trouvent dans la contemplation les âmes aimantes et douces. Ces ravissements, ces extases que j'éprouvais quelquefois en me promenant ainsi seul, étaient des jouissances que je devais à mes persécuteurs : sans eux je n'aurais jamais trouvé ni connu les trésors que je portais en moi-même. Au milieu de tant de richesses, comment en tenir un registre fidèle ? En voulant me rappeler tant de douces rêveries, au lieu de les décrire j'y retombais. C'est un état que son souvenir ramène, et qu'on cesserait bientôt de connaître en cessant tout à fait de le sentir.

J'éprouvai bien cet effet dans les promenades qui suivirent le projet d'écrire la suite de mes *Confessions*, surtout dans celle dont je vais parler et dans laquelle un accident imprévu vint rompre le fil de mes idées et leur donner pour quelque temps un autre cours.

Le jeudi 24 octobre 1776, je suivis après dîner [1] les boulevards jusqu'à la rue du Chemin-Vert [2] par laquelle je gagnai les hauteurs de Ménilmontant, et de là prenant les sentiers à travers les vignes et les prairies, je traversai jusqu'à Charonne le riant paysage qui sépare ces deux villages, puis je fis un détour pour revenir par les mêmes prairies en prenant un autre chemin. Je m'amusais à les parcourir avec ce plaisir et cet intérêt que m'ont toujours donnés les sites agréables, et m'arrêtant quelquefois à

---

1. En milieu d'après-midi : le dîner désigne le repas de la mi-journée.
2. Au nord-est de Paris, juste après la porte Saint-Antoine.

fixer [1] des plantes dans la verdure. J'en aperçus deux que je voyais assez rarement autour de Paris et que je trouvai très abondantes dans ce canton-là. L'une est le *picris hieraciodes* de la famille des composées [2], et l'autre le *buplevrum falcatum* de celle des ombellifères [3]. Cette découverte me réjouit et m'amusa [4] très longtemps et finit par celle d'une plante encore plus rare, surtout dans un pays élevé, savoir le *cerastium aquaticum* [5] que, malgré l'accident qui m'arriva le même jour, j'ai retrouvé dans un livre que j'avais sur moi et placé dans mon herbier.

Enfin après avoir parcouru en détail plusieurs autres plantes que je voyais encore en fleurs, et dont l'aspect et l'énumération qui m'était familière me donnaient néanmoins toujours du plaisir, je quittai peu à peu ces menues observations pour me livrer à l'impression non moins agréable mais plus touchante que faisait sur moi l'ensemble de tout cela. Depuis quelques jours on avait achevé la vendange ; les promeneurs de la ville s'étaient déjà retirés ; les paysans aussi quittaient les champs jusqu'aux travaux d'hiver. La campagne encore verte et riante, mais défeuillée en partie et déjà presque déserte, offrait partout l'image de la solitude et des approches de l'hiver. Il résultait de son aspect un mélange d'impression douce et triste trop analogue à mon âge et à mon sort pour que je ne m'en fisse pas l'application. Je me voyais au déclin d'une vie innocente et infortunée, l'âme encore pleine de sentiments vivaces et l'esprit encore orné de quelques fleurs, mais déjà flétries par la tristesse et desséchées par les ennuis. Seul et délaissé, je sentais venir le froid des premières glaces, et mon imagination tarissante [6] ne peuplait plus ma solitude d'êtres formés selon

---

1. Regarder fixement.
2. Plante à fleurs jaunes, vulgairement appelée picride (d'après J.-S. Spink).
3. Autre plante à fleurs jaunes en ombelle (« Ombelle : assemblage de rayons qui, partant d'un même centre, divergent comme ceux d'un parasol », dit Rousseau dans son *Dictionnaire de botanique*).
4. M'occupa, me divertit.
5. Plante velue et visqueuse à fleurs blanches, poussant dans les fossés et les ruisseaux.
6. Épuisée.

mon cœur [1]. Je me disais en soupirant : qu'ai-je fait ici-bas ? J'étais fait pour vivre, et je meurs sans avoir vécu. Au moins ce n'a pas été ma faute, et je porterai à l'auteur de mon être, sinon l'offrande des bonnes œuvres qu'on ne m'a pas laissé faire, du moins un tribut de [2] bonnes intentions frustrées [3], de sentiments sains mais rendus sans effet, et d'une patience à l'épreuve des mépris des hommes. Je m'attendrissais sur ces réflexions, je récapitulais les mouvements de mon âme dès ma jeunesse, et pendant mon âge mûr, et depuis qu'on m'a séquestré de la société des hommes, et durant la longue retraite dans laquelle je dois achever mes jours. Je revenais avec complaisance sur toutes les affections de mon cœur, sur ses attachements si tendres mais si aveugles, sur les idées moins tristes que consolantes dont mon esprit s'était nourri depuis quelques années, et je me préparais à les rappeler assez pour les décrire avec un plaisir presque égal à celui que j'avais pris à m'y livrer. Mon après-midi se passa dans ces paisibles méditations, et je m'en revenais très content de ma journée, quand au fort de ma rêverie j'en fus tiré par l'événement qui me reste à raconter.

J'étais sur les six heures à la descente de Ménilmontant presque vis-à-vis du Galant Jardinier [4], quand des personnes qui marchaient devant moi s'étant tout à coup brusquement écartées je vis fondre sur moi un gros chien danois qui, s'élançant à toutes jambes devant un carrosse, n'eut pas même le temps de retenir sa course ou de se détourner quand il m'aperçut. Je jugeai que le seul moyen que j'avais d'éviter d'être jeté par terre était de faire un grand saut si juste que le chien passât sous moi tandis que je serais en l'air. Cette idée plus prompte que l'éclair et que je n'eus le temps ni de raisonner ni d'exécuter fut la dernière avant mon accident. Je ne sentis ni le coup ni la chute, ni rien de ce qui s'ensuivit jusqu'au moment où je revins à moi.

---

1. Comme ce fut le cas pour écrire *La Nouvelle Héloïse*.
2. Un lot de. Pris au sens figuré, le tribut désigne ce qu'on est moralement obligé d'accorder.
3. Trompées. *Frustrer* veut dire « tromper quelqu'un en le privant de ses prétentions, de ses légitimes espérances » (Trévoux).
4. Nom d'un cabaret.

Il était presque nuit quand je repris connaissance. Je me trouvai entre les bras de trois ou quatre jeunes gens qui me racontèrent ce qui venait de m'arriver. Le chien danois n'ayant pu retenir son élan s'était précipité sur mes deux jambes et, me choquant de sa masse et de sa vitesse, m'avait fait tomber la tête en avant : la mâchoire supérieure portant tout le poids de mon corps avait frappé sur un pavé très raboteux, et la chute avait été d'autant plus violente qu'étant à la descente, ma tête avait donné plus bas que mes pieds.

Le carrosse auquel appartenait le chien suivait immédiatement et m'aurait passé sur le corps si le cocher n'eût à l'instant retenu ses chevaux. Voilà ce que j'appris par le récit de ceux qui m'avaient relevé et qui me soutenaient encore lorsque je revins à moi. L'état auquel je me trouvai dans cet instant est trop singulier pour n'en pas faire ici la description.

La nuit s'avançait. J'aperçus le ciel, quelques étoiles, et un peu de verdure. Cette première sensation fut un moment délicieux. Je ne me sentais encore que par là. Je naissais dans cet instant à la vie, et il me semblait que je remplissais de ma légère existence tous les objets que j'apercevais. Tout entier au moment présent je ne me souvenais de rien ; je n'avais nulle notion distincte de mon individu, pas la moindre idée de ce qui venait de m'arriver ; je ne savais ni qui j'étais ni où j'étais ; je ne sentais ni mal, ni crainte, ni inquiétude. Je voyais couler mon sang comme j'aurais vu couler un ruisseau, sans songer seulement que ce sang m'appartînt en aucune sorte. Je sentais dans tout mon être un calme ravissant [1], auquel chaque fois que je me le rappelle, je ne trouve rien de comparable dans toute l'activité des plaisirs connus.

On me demanda où je demeurais ; il me fut impossible de le dire. Je demandai où j'étais ; on me dit, à la Haute-Borne [2] ; c'était comme si l'on m'eût dit au mont Atlas [3]. Il fallut demander successivement le pays, la ville et le

---

1. Qui m'emporte.
2. Dans le prolongement du chemin de Ménilmontant, au-dessus du faubourg du Temple.
3. Chaîne de montagnes en Afrique du Nord.

quartier où je me trouvais. Encore cela ne put-il suffire pour me reconnaître ; il me fallut tout le trajet de là jusqu'au boulevard pour me rappeler ma demeure et mon nom. Un monsieur que je ne connaissais pas et qui eut la charité de m'accompagner quelque temps, apprenant que je demeurais si loin, me conseilla de prendre au Temple [1] un fiacre pour me conduire chez moi. Je marchais très bien, très légèrement, sans sentir ni douleur ni blessure, quoique je crachasse toujours beaucoup de sang. Mais j'avais un frisson glacial qui faisait claquer d'une façon très incommode mes dents fracassées. Arrivé au Temple, je pensai que puisque je marchais sans peine il valait mieux continuer ainsi ma route à pied que de m'exposer à périr de froid dans un fiacre. Je fis ainsi la demi-lieue [2] qu'il y a du Temple à la rue Plâtrière [3], marchant sans peine, évitant les embarras, les voitures, choisissant et suivant mon chemin tout aussi bien que j'aurais pu faire en pleine santé. J'arrive, j'ouvre le secret [4] qu'on a fait mettre à la porte de la rue, je monte l'escalier dans l'obscurité, et j'entre enfin chez moi sans autre accident que ma chute et ses suites, dont je ne m'apercevais pas même encore alors.

Les cris de ma femme en me voyant me firent comprendre que j'étais plus maltraité que je ne pensais. Je passai la nuit sans connaître encore et sentir mon mal. Voici ce que je sentis et trouvai le lendemain. J'avais la lèvre supérieure fendue en dedans jusqu'au nez ; en dehors la peau l'avait mieux garantie et empêchait la totale séparation ; quatre dents enfoncées à la mâchoire supérieure, toute la partie du visage qui la couvre extrêmement enflée et meurtrie, le pouce droit foulé et très gros, le pouce gauche grièvement blessé, le bras gauche foulé, le genou gauche aussi très enflé et qu'une contusion forte et douloureuse empêchait totalement de plier. Mais avec tout ce fracas rien de brisé, pas même une dent, bonheur qui tient du prodige dans une chute comme celle-là.

Voilà très fidèlement l'histoire de mon accident. En peu

---

1. L'actuel square du Temple.
2. Deux kilomètres.
3. L'actuelle rue J.-J. Rousseau, près du quartier des anciennes Halles.
4. Une serrure à code.

de jours cette histoire se répandit dans Paris, tellement changée et défigurée qu'il était impossible d'y rien reconnaître. J'aurais dû compter d'avance sur cette métamorphose ; mais il s'y joignit tant de circonstances bizarres ; tant de propos obscurs et de réticences l'accompagnèrent, on m'en parlait d'un air si risiblement discret que tous ces mystères m'inquiétèrent. J'ai toujours haï les ténèbres, elles m'inspirent naturellement une horreur que celles dont on m'environne depuis tant d'années n'ont pas dû diminuer. Parmi toutes les singularités de cette époque je n'en remarquerai qu'une, mais suffisante pour faire juger des autres.

M. Lenoir, Lieutenant général de police, avec lequel je n'avais eu jamais aucune relation, envoya son secrétaire s'informer de mes nouvelles, et me faire d'instantes offres de services qui ne me parurent pas dans la circonstance d'une grande utilité pour mon soulagement. Son secrétaire ne laissa pas de me presser très vivement de me prévaloir de ces offres, jusqu'à me dire que si je ne me fiais pas à lui, je pouvais écrire directement à M. Lenoir. Ce grand empressement et l'air de confidence qu'il y joignit me firent comprendre qu'il y avait sous tout cela quelque mystère que je cherchais vainement à pénétrer. Il n'en fallait pas tant pour m'effaroucher, surtout dans l'état d'agitation où mon accident et la fièvre qui s'y était jointe avaient mis ma tête. Je me livrais à mille conjectures inquiétantes et tristes, et je faisais sur tout ce qui se passait autour de moi des commentaires qui marquaient plutôt le délire de la fièvre que le sang-froid d'un homme qui ne prend plus d'intérêt à rien.

Un autre événement vint achever de troubler ma tranquillité. Mme d'Ormoy m'avait recherché depuis quelques années, sans que je pusse deviner pourquoi. De petits cadeaux affectés [1], de fréquentes visites sans objet et sans plaisir me marquaient assez un but secret à tout cela, mais ne me le montraient pas. Elle m'avait parlé d'un roman qu'elle voulait faire pour le présenter à la reine [2]. Je lui avais dit ce que je pensais des femmes auteurs. Elle m'avait

---

1. Faits avec hypocrisie, manquant de sincérité.
2. *Les Malheurs de la jeune Émilie, pour servir d'instruction aux âmes vertueuses et sensibles* (1777), roman sentimental imité de Rousseau et Richardson.

fait entendre que ce projet avait pour but le rétablissement de sa fortune, pour lequel elle avait besoin de protection ; je n'avais rien à répondre à cela. Elle me dit depuis que, n'ayant pu avoir accès auprès de la reine, elle était déterminée à donner son livre au public. Ce n'était plus le cas de lui donner des conseils qu'elle ne me demandait pas, et qu'elle n'aurait pas suivis. Elle m'avait parlé de me montrer auparavant le manuscrit. Je la priai de n'en rien faire, et elle n'en fit rien.

Un beau jour, durant ma convalescence, je reçus de sa part ce livre tout imprimé et même relié, et je vis dans la préface de si grosses louanges de moi, si maussadement plaquées et avec tant d'affectation que j'en fus désagréablement affecté. La rude flagornerie qui s'y faisait sentir ne s'allia jamais avec la bienveillance, mon cœur ne saurait se tromper là-dessus.

Quelques jours après, Mme d'Ormoy me vint voir avec sa fille. Elle m'apprit que son livre faisait le plus grand bruit à cause d'une note qui le lui attirait [1] ; j'avais à peine remarqué cette note en parcourant rapidement ce roman. Je la relus après le départ de Mme d'Ormoy, j'en examinai la tournure, j'y crus trouver le motif de ses visites, de ses cajoleries, des grosses louanges de sa préface, et je jugeai que tout cela n'avait d'autre but que de disposer le public à m'attribuer la note et par conséquent le blâme qu'elle pouvait attirer à son auteur dans la circonstance où elle était publiée.

Je n'avais aucun moyen de détruire ce bruit et l'impression qu'il pouvait faire, et tout ce qui dépendait de moi était de ne pas l'entretenir en souffrant la continuation des vaines et ostensives visites de Mme d'Ormoy et de sa fille. Voici pour cet effet le billet que j'écrivis à la mère :

« Rousseau ne recevant chez lui aucun auteur remercie madame d'Ormoy de ses bontés et la prie de ne plus l'honorer de ses visites. »

Elle me répondit par une lettre honnête dans la forme, mais tournée comme toutes celles que l'on m'écrit en pareil cas. J'avais barbarement porté le poignard dans son cœur sensible, et je devais croire au ton de sa lettre qu'ayant pour

---

1. Il s'agit d'une note sur les devoirs des souverains, empruntée à Rousseau.

moi des sentiments si vifs et si vrais elle ne supporterait
point sans mourir cette rupture. C'est ainsi que la droiture
et la franchise en toute chose sont des crimes affreux dans
le monde, et je paraîtrais à mes contemporains méchant et
féroce, quand je n'aurais à leurs yeux d'autre crime que
de n'être pas faux et perfide comme eux.

J'étais déjà sorti plusieurs fois et je me promenais même
assez souvent aux Tuileries, quand je vis à l'étonnement de
plusieurs de ceux qui me rencontraient qu'il y avait encore
à mon égard quelque autre nouvelle que j'ignorais.
J'appris enfin que le bruit public était que j'étais mort de
ma chute, et ce bruit se répandit si rapidement et si opi-
niâtrement que plus de quinze jours après que j'en fus instruit le Roi même et la Reine en parlèrent comme d'une
chose sûre. *Le Courrier d'Avignon*, à ce qu'on eut soin de
m'écrire, annonçant cette heureuse nouvelle, ne manqua
pas d'anticiper à cette occasion sur le tribut d'outrages et
d'indignités qu'on prépare à ma mémoire après ma mort,
en forme d'oraison funèbre [1].

Cette nouvelle fut accompagnée d'une circonstance
encore plus singulière que je n'appris que par hasard et dont
je n'ai pu savoir aucun détail. C'est qu'on avait ouvert en
même temps une souscription pour l'impression des
manuscrits que l'on trouverait chez moi. Je compris par là
qu'on tenait prêt un recueil d'écrits fabriqués tout exprès
pour me les attribuer d'abord après [2] ma mort : car de penser qu'on imprimât fidèlement aucun de ceux qu'on pourrait trouver en effet [3], c'était une bêtise qui ne pouvait entrer
dans l'esprit d'un homme sensé, et dont quinze ans
d'expérience ne m'ont que trop garanti.

_____

1. On pouvait lire dans cette gazette cette singulière rubrique nécrolo-
gique : « M. Jean-Jacques Rousseau est mort des suites de sa chute. Il a
vécu pauvre, il est mort misérablement ; et la singularité de sa destinée
l'a accompagnée jusqu'au tombeau. Nous sommes fâchés de ne pouvoir
parler des talents de cet écrivain éloquent ; nos lecteurs doivent sentir
que l'abus qu'il en fait nous impose ici le plus rigoureux silence. Il y a
tout lieu de croire que le public ne sera pas privé de sa vie et qu'on y
trouvera jusqu'au nom du chien qui l'a tué. » La mort de Voltaire sera
pareillement entourée d'une légende noire qui perdurera au XIXe siècle.
2. Aussitôt après.
3. Effectivement.

Ces remarques faites coup sur coup et suivies de beaucoup d'autres qui n'étaient guère moins étonnantes, effarouchèrent derechef mon imagination que je croyais amortie, et ces noires ténèbres qu'on renforçait sans relâche autour de moi ranimèrent toute l'horreur qu'elles m'inspirent naturellement. Je me fatiguai à faire sur tout cela mille commentaires et à tâcher de comprendre des mystères qu'on a rendus inexplicables pour moi. Le seul résultat constant de tant d'énigmes fut la confirmation de toutes mes conclusions précédentes, savoir que la destinée de ma personne et celle de ma réputation ayant été fixées de concert par toute la génération présente, nul effort de ma part ne pouvait m'y soustraire puisqu'il m'est de toute impossibilité de transmettre aucun dépôt à d'autres âges sans le faire passer dans celui-ci par des mains intéressées à le supprimer.

Mais cette fois j'allai plus loin. L'amas de tant de circonstances fortuites, l'élévation de tous mes plus cruels ennemis, affectée [1] pour ainsi dire par la fortune, tous ceux qui gouvernent l'État, tous ceux qui dirigent l'opinion publique, tous les gens en place, tous les hommes en crédit [2] triés comme sur le volet parmi ceux qui ont contre moi quelque animosité secrète, pour concourir au commun complot, cet accord universel est trop extraordinaire pour être purement fortuit. Un seul homme qui eût refusé d'en être complice, un seul événement qui lui eût été contraire, une seule circonstance imprévue qui lui eût fait obstacle, suffisait pour le faire échouer. Mais toutes les volontés, toutes les fatalités, la fortune et toutes les révolutions ont affermi l'œuvre des hommes, et un concours si frappant qui tient du prodige ne peut me laisser douter que son plein succès ne soit écrit dans les décrets éternels. Des foules d'observations particulières, soit dans le passé, soit dans le présent, me confirment tellement dans cette opinion que je ne puis m'empêcher de regarder désormais comme un de ces secrets du ciel impénétrables à la raison humaine la même œuvre que je n'envisageais jusqu'ici que comme un fruit de la méchanceté des hommes.

---

1. Favorisée.
2. Ayant de l'influence.

Cette idée, loin de m'être cruelle et déchirante, me console, me tranquillise, et m'aide à me résigner. Je ne vais pas si loin que saint Augustin [1] qui se fût consolé d'être damné si telle eût été la volonté de Dieu. Ma résignation vient d'une source moins désintéressée il est vrai, mais non moins pure et plus digne à mon gré de l'Être parfait que j'adore. Dieu est juste ; il veut que je souffre ; et il sait que je suis innocent. Voilà le motif de ma confiance, mon cœur et ma raison me crient qu'elle ne me trompera pas. Laissons donc faire les hommes et la destinée ; apprenons à souffrir sans murmure ; tout doit à la fin rentrer dans l'ordre, et mon tour viendra tôt ou tard.

---

1. Évêque africain, docteur et père de l'Église (354-430), auteur de *Confessions* dont le titre a pu inspirer Rousseau.

Troisième promenade

« Je deviens vieux en apprenant toujours[1]. »
Solon répétait souvent ce vers dans sa vieillesse. Il a un
sens dans lequel je pourrais le dire aussi dans la mienne ;
mais c'est une bien triste science que celle que depuis vingt
ans l'expérience m'a fait acquérir : l'ignorance est encore
préférable. L'adversité sans doute est un grand maître, mais
il fait payer cher ses leçons, et souvent le profit qu'on en
retire ne vaut pas le prix qu'elles ont coûté. D'ailleurs,
avant qu'on ait obtenu tout cet acquis par des leçons si tar-
dives, l'à-propos d'en user[2] se passe. La jeunesse est le
temps d'étudier la sagesse ; la vieillesse est le temps de la
pratiquer. L'expérience instruit toujours, je l'avoue ; mais
elle ne profite que pour l'espace qu'on a devant soi. Est-il
temps au moment qu'il faut mourir d'apprendre comment
on aurait dû vivre ?

Eh que me servent des lumières[3] si tard et si douloureusement acquises sur ma destinée et sur les passions d'autrui dont elle est l'œuvre ! Je n'ai appris à mieux connaître
les hommes que pour mieux sentir la misère où ils m'ont
plongé, sans que cette connaissance, en me découvrant tous

---

1. Citation de la « Vie de Solon » de Plutarque (moraliste et historien grec
de la fin du Iᵉʳ siècle). Solon, législateur et poète athénien du Vᴵᵉ siècle
avant J.-C., est l'un des Sept Sages de la Grèce, et le modèle du législateur vertueux.
2. L'occasion de la mettre en œuvre.
3. Connaissances.

leurs pièges, m'en ait pu faire éviter aucun. Que ne suis-je resté toujours dans cette imbécile [1] mais douce confiance qui me rendit durant tant d'années la proie et le jouet de mes bruyants amis, sans qu'enveloppé de toutes leurs trames j'en eusse même le moindre soupçon ! J'étais leur dupe et leur victime, il est vrai, mais je me croyais aimé d'eux, et mon cœur jouissait de l'amitié qu'ils m'avaient inspirée en leur en attribuant autant pour moi. Ces douces illusions sont détruites. La triste vérité que le temps et la raison m'ont dévoilée en me faisant sentir mon malheur, m'a fait voir qu'il était sans remède et qu'il ne me restait qu'à m'y résigner. Ainsi toutes les expériences de mon âge sont pour moi dans mon état sans utilité présente, et sans profit pour l'avenir.

Nous entrons en lice [2] à notre naissance, nous en sortons à la mort. Que sert d'apprendre à mieux conduire son char quand on est au bout de la carrière ? Il ne reste plus à penser alors que comment on en sortira. L'étude d'un vieillard, s'il lui en reste encore à faire, est uniquement d'apprendre à mourir, et c'est précisément celle qu'on fait le moins à mon âge, on y pense à tout, hormis à cela. Tous les vieillards tiennent plus à la vie que les enfants et en sortent de plus mauvaise grâce que les jeunes gens. C'est que tous leurs travaux ayant été pour cette même vie, ils voient à sa fin qu'ils ont perdu leurs peines. Tous leurs soins, tous leurs biens, tous les fruits de leurs laborieuses veilles, ils quittent tout quand ils s'en vont. Ils n'ont songé à rien acquérir durant leur vie qu'ils pussent emporter à leur mort.

Je me suis dit tout cela quand il était temps de me le dire, et si je n'ai pas mieux su tirer parti de mes réflexions, ce n'est pas faute de les avoir faites à temps et de les avoir bien digérées. Jeté dès mon enfance dans le tourbillon du monde, j'appris de bonne heure par l'expérience que je n'étais pas fait pour y vivre, et que je n'y parviendrais jamais à l'état dont mon cœur sentait le besoin. Cessant donc de chercher parmi les hommes le bonheur que je sentais n'y pouvoir trouver, mon ardente imagination sautait

---

1. Faible, sans vigueur.
2. Espace réservé aux compétitions et aux tournois. « Entrer en lice » signifie engager un combat.

déjà par-dessus l'espace de ma vie à peine commencée, comme sur un terrain qui m'était étranger, pour se reposer sur une assiette [1] tranquille où je pusse me fixer.

Ce sentiment, nourri par l'éducation dès mon enfance et renforcé durant toute ma vie par ce long tissu de misères et d'infortunes qui l'a remplie, m'a fait chercher dans tous les temps à connaître la nature et la destination de mon être avec plus d'intérêt et de soin que je n'en ai trouvé dans aucun autre homme. J'en ai beaucoup vu qui philosophaient bien plus doctement que moi, mais leur philosophie leur était pour ainsi dire étrangère. Voulant être plus savants que d'autres, ils étudiaient l'univers pour savoir comment il était arrangé, comme ils auraient étudié quelque machine [2] qu'ils auraient aperçue, par pure curiosité. Ils étudiaient la nature humaine pour en pouvoir parler savamment, mais non pas pour se connaître ; ils travaillaient pour instruire les autres, mais non pas pour s'éclairer en dedans. Plusieurs d'entre eux ne voulaient que faire un livre, n'importait quel [3], pourvu qu'il fût accueilli. Quand le leur était fait et publié, son contenu ne les intéressait plus en aucune sorte, si ce n'est pour le faire adopter aux autres et pour le défendre au cas qu'il fût attaqué, mais du reste sans en rien tirer pour leur propre usage, sans s'embarrasser même que ce contenu fût faux ou vrai pourvu qu'il ne fût pas réfuté. Pour moi quand j'ai désiré d'apprendre c'était pour savoir moi-même et non pas pour enseigner ; j'ai toujours cru qu'avant d'instruire les autres il fallait commencer par savoir assez pour soi, et de toutes les études que j'ai tâché de faire en ma vie au milieu des hommes il n'y en a guère que je n'eusse faite également seul dans une île déserte où j'aurais été confiné pour le reste de mes jours. Ce qu'on doit faire dépend beaucoup de ce qu'on doit croire, et dans tout ce qui ne tient pas aux premiers besoins de la nature nos opinions sont la règle de nos actions. Dans ce principe, qui fut toujours le mien, j'ai cherché souvent et long-temps, pour diriger l'emploi de ma vie, à connaître sa véritable fin, et je me suis bientôt consolé de mon peu

---

1. Position stable (assise).
2. « Engin, assemblages de plusieurs pièces mécaniques » (Trévoux).
3. N'importe lequel.

d'aptitude à me conduire habilement dans ce monde, en sentant qu'il n'y fallait pas chercher cette fin.

Né dans une famille où régnaient les mœurs et la piété ; élevé ensuite avec douceur chez un ministre plein de sagesse et de religion, j'avais reçu dès ma plus tendre enfance des principes, des maximes, d'autres diraient des préjugés, qui ne m'ont jamais tout à fait abandonné. Enfant encore et livré à moi-même, alléché par des caresses, séduit par la vanité, leurré [1] par l'espérance, forcé par la nécessité [2], je me fis catholique, mais je demeurai toujours chrétien [3], et bientôt gagné par l'habitude mon cœur s'attacha sincèrement à ma nouvelle religion. Les instructions, les exemples de Mme de Warens, m'affermirent dans cet attachement. La solitude champêtre où j'ai passé la fleur de ma jeunesse, l'étude des bons livres à laquelle je me livrai tout entier, renforcèrent auprès d'elle mes dispositions naturelles aux sentiments affectueux, et me rendirent dévot presque à la manière de Fénelon [4]. La méditation dans la retraite, l'étude de la nature, la contemplation de l'univers, forcent un solitaire à s'élancer incessamment vers l'auteur des choses et à chercher avec une douce inquiétude la fin de tout ce qu'il voit et la cause de tout ce qu'il sent. Lorsque ma destinée me rejeta dans le torrent du monde je n'y retrouvai plus rien qui pût flatter [5] un moment mon cœur. Le regret de mes doux loisirs me suivit partout et jeta l'indifférence et le dégoût sur tout ce qui pouvait se trouver à ma portée, propre à mener à la fortune et aux honneurs. Incertain dans mes inquiets désirs, j'espérai peu, j'obtins moins, et je sentis dans des lueurs même de pros-

---

1. Trompé, abusé.
2. La force des choses.
3. Rousseau se convertit à la religion catholique (dont les dogmes et la liturgie sont différents de la religion protestante) mais il reste fidèle au message évangélique du Christ (sens premier du mot *chrétien*).
4. Fénelon, auteur du *Télémaque* (1699), fut le précepteur du duc de Bourgogne, petit-fils de Louis XIV ; sa carrière fut brisée par Bossuet qui l'accusa violemment de quiétisme. Le « bon Fénelon » représente un modèle de dévotion aimable et savante pour Jean-Jacques qui décrit ses lectures aux Charmettes en ces termes : « [Les livres] qui mêlaient la dévotion aux sciences m'étaient les plus convenables ; tels étaient particulièrement ceux de l'Oratoire et de Port-Royal » (*Les Confessions*, VI).
5. Toucher, être agréable à.

périté que quand j'aurais obtenu tout ce que je croyais chercher je n'y aurais point trouvé ce bonheur dont mon cœur
était avide sans en savoir démêler l'objet. Ainsi tout contri-
buait à détacher mes affections de ce monde, même avant
les malheurs qui devaient m'y rendre tout à fait étranger.
Je parvins jusqu'à l'âge de quarante ans, flottant entre
l'indigence et la fortune, entre la sagesse et l'égarement,
plein de vices d'habitude sans aucun mauvais penchant
dans le cœur, vivant au hasard sans principes bien décidés
par ma raison, et distrait sur mes devoirs sans les mépri-
ser, mais souvent sans les bien connaître.

Dès ma jeunesse j'avais fixé cette époque de quarante
ans comme le terme de mes efforts pour parvenir et celui
de mes prétentions en tout genre. Bien résolu, dès cet âge
atteint et dans quelque situation que je fusse, de ne plus me
débattre pour en sortir et de passer le reste de mes jours à
vivre au jour la journée [1] sans plus m'occuper de l'avenir.
Le moment venu, j'exécutai ce projet sans peine et quoique
alors ma fortune semblât vouloir prendre une assiette plus
fixe ; j'y renonçai non seulement sans regret mais avec un
plaisir véritable. En me délivrant de tous ces leurres, de
toutes ces vaines espérances, je me livrai pleinement à
l'incurie et au repos d'esprit qui fit toujours mon goût le
plus dominant et mon penchant le plus durable. Je quittai
le monde et ses pompes, je renonçai à toute parure ; plus
d'épée, plus de montre, plus de bas blancs, de dorure, de
coiffure, une perruque toute simple, un bon gros habit de
drap, et mieux que tout cela, je déracinai de mon cœur les
cupidités et les convoitises qui donnent du prix à tout ce
que je quittais. Je renonçai à la place que j'occupais alors,
pour laquelle je n'étais nullement propre [2], et je me mis à
copier de la musique à tant la page, occupation pour
laquelle j'avais eu toujours un goût décidé.

Je ne bornai pas ma réforme aux choses extérieures.
Je sentis que celle-là même en exigeait une autre plus
pénible sans doute, mais plus nécessaire dans les opinions, et résolu de n'en pas faire [3] à deux fois, j'entre-

---

1. Au jour le jour.
2. Rousseau était secrétaire et caissier chez un financier.
3. De ne pas m'y reprendre.

pris de soumettre mon intérieur à un examen sévère qui le réglât pour le reste de ma vie tel que je voulais le trouver à ma mort.

Une grande révolution qui venait de se faire en moi, un autre monde moral qui se dévoilait à mes regards, les insensés jugements des hommes dont sans prévoir encore combien j'en serais la victime je commençais à sentir l'absurdité, le besoin toujours croissant d'un autre bien que la gloriole littéraire dont à peine la vapeur m'avait atteint que j'en étais déjà dégoûté, le désir enfin de tracer pour le reste de ma carrière une route moins incertaine que celle dans laquelle j'en venais de passer la plus belle moitié, tout m'obligeait à cette grande revue[1] dont je sentais depuis longtemps le besoin. Je l'entrepris donc et je ne négligeai rien de ce qui dépendait de moi pour bien exécuter cette entreprise.

C'est de cette époque que je puis dater mon entier renoncement au monde et ce goût vif pour la solitude qui ne m'a plus quitté depuis ce temps-là. L'ouvrage que j'entreprenais ne pouvait s'exécuter que dans une retraite absolue ; il demandait de longues et paisibles méditations que le tumulte de la société ne souffre pas. Cela me força de prendre pour un temps une autre manière de vivre dont ensuite je me trouvai si bien, que ne l'ayant interrompue depuis lors que par force et pour peu d'instants, je l'ai reprise de tout mon cœur et m'y suis borné sans peine aussitôt que je l'ai pu ; et quand ensuite les hommes m'ont réduit à vivre seul, j'ai trouvé qu'en me séquestrant pour me rendre misérable, ils avaient plus fait pour mon bonheur que je n'avais su faire moi-même.

Je me livrai au travail que j'avais entrepris avec un zèle proportionné, et à l'importance de la chose, et au besoin que je sentais en avoir. Je vivais alors avec des philosophes modernes[2] qui ne ressemblaient guère aux anciens. Au lieu de lever mes doutes et de fixer mes irrésolutions, ils avaient ébranlé toutes les certitudes que je croyais avoir sur les points qu'il m'importait le plus de connaître : car ardents missionnaires d'athéisme et très impérieux dogmatiques,

---

1. Réforme, révision.
2. Principalement Diderot, Grimm, d'Alembert et le baron d'Holbach.

ils n'enduraient point sans colère que sur quelque point que ce pût être on osât penser autrement qu'eux. Je m'étais défendu souvent assez faiblement par haine pour la dispute et par peu de talent pour la soutenir ; mais jamais je n'adoptai leur désolante doctrine, et cette résistance à des hommes aussi intolérants, qui d'ailleurs avaient leurs vues, ne fut pas une des moindres causes qui attisèrent leur animosité.

Ils ne m'avaient pas persuadé mais ils m'avaient inquiété. Leurs arguments m'avaient ébranlé sans m'avoir jamais convaincu ; je n'y trouvais point de bonne réponse mais je sentais qu'il y en devait avoir. Je m'accusais moins d'erreur que d'ineptie, et mon cœur leur répondait mieux que ma raison.

Je me dis enfin : me laisserai-je éternellement ballotter par les sophismes [1] des mieux disants [2], dont je ne suis pas même sûr que les opinions qu'ils prêchent et qu'ils ont tant d'ardeur à faire adopter aux autres soient bien les leurs à eux-mêmes ? Leurs passions, qui gouvernent leur doctrine, leurs intérêts de faire croire ceci ou cela, rendent impossible à pénétrer ce qu'ils croient eux-mêmes. Peut-on chercher de la bonne foi dans des chefs de parti ? Leur philosophie est pour les autres ; il m'en faudrait une pour moi. Cherchons-la de toutes mes forces tandis qu'il est temps encore afin d'avoir une règle fixe de conduite pour le reste de mes jours. Me voilà dans la maturité de l'âge, dans toute la force de l'entendement. Déjà je touche au déclin. Si j'attends encore, je n'aurai plus dans ma délibération tardive l'usage de toutes mes forces ; mes facultés intellectuelles auront déjà perdu de leur activité, je ferai moins bien ce que je puis faire aujourd'hui de mon mieux possible : saisissons ce moment favorable ; il est l'époque de ma réforme externe et matérielle, qu'il soit aussi celle de ma réforme intellectuelle et morale. Fixons une bonne fois mes opinions, mes principes, et soyons pour le reste de ma vie ce que j'aurai trouvé devoir être après y avoir bien pensé.

J'exécutai ce projet lentement et à diverses reprises [3],

---

1. Raisonnements faux malgré une apparence de vérité.
2. Ceux qui parlent le mieux.
3. La *Profession de foi du vicaire savoyard*, insérée dans le livre IV de l'*Émile*.

mais avec tout l'effort et toute l'attention dont j'étais
capable. Je sentais vivement que le repos du reste de mes
jours et mon sort total en dépendaient. Je m'y trouvai
d'abord dans un tel labyrinthe d'embarras, de difficultés,
d'objections, de tortuosités, de ténèbres, que vingt fois tenté
de tout abandonner, je fus près, renonçant à de vaines
recherches, de m'en tenir dans mes délibérations aux règles
de la prudence commune sans plus en chercher dans des
principes que j'avais tant de peine à débrouiller. Mais cette
prudence même m'était tellement étrangère, je me sentais
si peu propre à l'acquérir, que la prendre pour mon guide
n'était autre chose que vouloir, à travers les mers, les
orages, chercher sans gouvernail, sans boussole, un fanal
presque inaccessible et qui ne m'indiquait aucun port.

Je persistai : pour la première fois de ma vie j'eus du
courage, et je dois à son succès d'avoir pu soutenir l'horrible destinée qui dès lors commençait à m'envelopper sans
que j'en eusse le moindre soupçon. Après les recherches
les plus ardentes et les plus sincères qui jamais peut-être
aient été faites par aucun mortel, je me décidai pour toute
ma vie sur tous les sentiments qu'il m'importait d'avoir,
et si j'ai pu me tromper dans mes résultats, je suis sûr au
moins que mon erreur ne peut m'être imputée à crime, car
j'ai fait tous mes efforts pour m'en garantir. Je ne doute
point, il est vrai, que les préjugés de l'enfance et les vœux
secrets de mon cœur n'aient fait pencher la balance du côté
le plus consolant pour moi. On se défend difficilement de
croire ce qu'on désire avec tant d'ardeur, et qui peut douter que l'intérêt d'admettre ou rejeter les jugements de
l'autre vie ne détermine la foi de la plupart des hommes sur
leur espérance ou leur crainte. Tout cela pouvait fasciner [1]
mon jugement, j'en conviens, mais non pas altérer ma
bonne foi : car je craignais de me tromper sur toute chose.
Si tout consistait dans l'usage de cette vie, il m'importait
de le savoir, pour en tirer du moins le meilleur parti qu'il
dépendrait de moi tandis qu'il était encore temps, et n'être
pas tout à fait dupe. Mais ce que j'avais le plus à redouter
au monde dans la disposition où je me sentais, était

---

1. Éblouir, tromper.

d'exposer le sort éternel de mon âme pour la jouissance des biens de ce monde, qui ne m'ont jamais paru d'un grand prix.

J'avoue encore que je ne levai pas toujours à ma satisfaction toutes ces difficultés qui m'avaient embarrassé, et dont nos philosophes avaient si souvent rebattu mes oreilles. Mais, résolu de me décider enfin sur des matières où l'intelligence humaine a si peu de prise et trouvant de toutes parts des mystères impénétrables et des objections insolubles, j'adoptai dans chaque question le sentiment qui me parut le mieux établi directement, le plus croyable en lui-même, sans m'arrêter aux objections que je ne pouvais résoudre mais qui se rétorquaient [1] par d'autres objections non moins fortes dans le système opposé. Le ton dogmatique sur ces matières ne convient qu'à des charlatans ; mais il importe d'avoir un sentiment pour soi, et de le choisir avec toute la maturité de jugement qu'on y peut mettre. Si malgré cela nous tombons dans l'erreur, nous n'en saurions porter la peine en bonne justice puisque nous n'en aurons point la coulpe [2]. Voilà le principe inébranlable qui sert de base à ma sécurité.

Le résultat de mes pénibles recherches fut tel à peu près que je l'ai consigné depuis dans la *Profession de foi du vicaire savoyard*, ouvrage indignement prostitué [3] et profané dans la génération présente, mais qui peut faire un jour révolution parmi les hommes si jamais il y renaît du bon sens et de la bonne foi.

Depuis lors, resté tranquille dans les principes que j'avais adoptés après une méditation si longue et si réfléchie, j'en ai fait la règle immuable de ma conduite et de ma foi, sans plus m'inquiéter ni des objections que je n'avais pu résoudre ni de celles que je n'avais pu prévoir et qui se présentaient nouvellement de temps à autre à mon esprit. Elles m'ont inquiété quelquefois mais elles ne m'ont jamais ébranlé. Je me suis toujours dit : tout cela ne sont que des arguties [4] et des subtilités métaphysiques qui ne sont

---

1. Étaient contrebalancées.
2. La responsabilité.
3. Avili, déshonoré.
4. Chicanes, raisonnements pointilleux.

d'aucun poids auprès des principes fondamentaux adoptés par ma raison, confirmés par mon cœur, et qui tous portent le sceau de l'assentiment intérieur dans le silence des passions. Dans des matières si supérieures à l'entendement humain, une objection que je ne puis résoudre renversera-t-elle tout un corps de doctrine si solide, si bien liée et formée avec tant de méditation et de soin, si bien appropriée à ma raison, à mon cœur, à tout mon être, et renforcée de l'assentiment intérieur que je sens manquer à toutes les autres ? Non, de vaines argumentations ne détruiront jamais la convenance que j'aperçois entre ma nature immortelle et la constitution de ce monde et l'ordre physique que j'y vois régner. J'y trouve dans l'ordre moral correspondant et dont le système est le résultat de mes recherches les appuis dont j'ai besoin pour supporter les misères de ma vie. Dans tout autre système je vivrais sans ressource et je mourrais sans espoir. Je serais la plus malheureuse des créatures. Tenons-nous-en donc à celui qui seul suffit pour me rendre heureux en dépit de la fortune et des hommes.

Cette délibération et la conclusion que j'en tirai ne semblent-elles pas avoir été dictées par le ciel même pour me préparer à la destinée qui m'attendait et me mettre en état de la soutenir ? Que serais-je devenu, que deviendrais-je encore, dans les angoisses affreuses qui m'attendaient et dans l'incroyable situation où je suis réduit pour le reste de ma vie si, resté sans asile où je pusse échapper à mes implacables persécuteurs, sans dédommagement des opprobres qu'ils me font essuyer en ce monde et sans espoir d'obtenir jamais la justice qui m'était due, je m'étais vu livré tout entier au plus horrible sort qu'ait éprouvé sur la terre aucun mortel ? Tandis que, tranquille dans mon innocence, je n'imaginais qu'estime et bienveillance pour moi parmi les hommes ; tandis que mon cœur ouvert et confiant s'épanchait avec des amis et des frères, les traîtres m'enlaçaient en silence de rets [1] forgés au fond des enfers. Surpris par les plus imprévus de tous les malheurs et les plus terribles pour une âme fière, traîné dans la fange sans jamais savoir par qui ni pourquoi, plongé dans un abîme

---

1. Filets de chasse.

d'ignominie, enveloppé d'horribles ténèbres à travers lesquelles je n'apercevais que de sinistres objets, à la première surprise je fus terrassé, et jamais je ne serais revenu de l'abattement où me jeta ce genre imprévu de malheurs si je ne m'étais ménagé d'avance des forces pour me relever dans mes chutes.

Ce ne fut qu'après des années d'agitations que reprenant enfin mes esprits et commençant de rentrer en moi-même, je sentis le prix des ressources que je m'étais ménagées pour l'adversité. Décidé sur toutes les choses dont il m'importait de juger, je vis, en comparant mes maximes à ma situation, que je donnais aux insensés jugements des hommes et aux petits événements de cette courte vie beaucoup plus d'importance qu'ils n'en avaient. Que cette vie n'étant qu'un état d'épreuves, il importait peu que ces épreuves fussent de telle ou telle sorte pourvu qu'il en résultât l'effet auquel elles étaient destinées, et que par conséquent plus les épreuves étaient grandes, fortes, multipliées, plus il était avantageux de les savoir soutenir. Toutes les plus vives peines perdent leur force pour quiconque en voit le dédommagement grand et sûr ; et la certitude de ce dédommagement était le principal fruit que j'avais retiré de mes méditations précédentes.

Il est vrai qu'au milieu des outrages sans nombre et des indignités sans mesure dont je me sentais accablé de toutes parts, des intervalles d'inquiétude et de doutes venaient de temps à autre ébranler mon espérance et troubler ma tranquillité. Les puissantes objections que je n'avais pu résoudre se présentaient alors à mon esprit avec plus de force pour achever de m'abattre précisément dans les moments où, surchargé du poids de ma destinée, j'étais prêt à tomber dans le découragement. Souvent des arguments nouveaux que j'entendais faire me revenaient dans l'esprit à l'appui de ceux qui m'avaient déjà tourmenté. Ah ! me disais-je, alors dans des serrements de cœur prêts à m'étouffer, qui me garantira du désespoir si dans l'horreur de mon sort je ne vois plus que des chimères dans les consolations que me fournissait ma raison ? Si détruisant ainsi son propre ouvrage, elle renverse tout l'appui d'espérance et de confiance qu'elle m'avait ménagé dans l'adversité ? Quel appui que des illusions qui ne bercent que moi seul au monde ? Toute la génération présente ne voit qu'erreurs et préjugés dans les sentiments dont je me nourris seul ; elle trouve la vérité, l'évidence, dans le système contraire au mien ; elle semble même ne pouvoir croire que je l'adopte de bonne foi, et moi-même en m'y livrant de toute ma volonté j'y trouve des difficultés insurmontables qu'il m'est impossible de résoudre et qui ne m'empêchent pas d'y persister. Suis-je donc seul sage, seul éclairé parmi les mortels ? pour croire que les choses sont ainsi suffit-il qu'elles me conviennent ? puis-je prendre une confiance éclairée en des apparences qui n'ont rien de solide aux yeux du reste des hommes et qui me sembleraient même illusoires à moi-même si mon cœur ne soutenait pas ma raison ? N'eût-il pas mieux valu combattre mes persécuteurs à armes égales en adoptant leurs maximes que de rester sur les chimères des miennes en proie à leurs atteintes sans agir pour les repousser ? Je me crois sage, et je ne suis que dupe, victime et martyr d'une vaine erreur.

Combien de fois dans ces moments de doute et d'incertitude je fus prêt à m'abandonner au désespoir. Si jamais j'avais passé dans cet état un mois entier, c'était fait de ma vie et de moi. Mais ces crises, quoique autrefois assez fréquentes, ont toujours été courtes, et maintenant que je n'en suis pas délivré tout à fait encore elles sont si rares et si rapides qu'elles n'ont pas même la force de troubler mon repos. Ce sont de légères inquiétudes qui n'affectent pas plus mon âme qu'une plume qui tombe dans la rivière ne peut altérer [1] le cours de l'eau. J'ai senti que remettre en délibération les mêmes points sur lesquels je m'étais ci-devant [2] décidé, était me supposer de nouvelles lumières ou le jugement plus formé ou plus de zèle pour la vérité que je n'avais lors de mes recherches ; qu'aucun de ces cas n'étant ni ne pouvant être le mien, je ne pouvais préférer par aucune raison solide des opinions qui, dans l'accablement du désespoir, ne me tentaient que pour augmenter ma misère, à des sentiments adoptés dans la vigueur de l'âge, dans toute la maturité de l'esprit, après l'examen le plus réfléchi, et dans des temps où le calme de ma vie ne me

---

1. Troubler.
2. Auparavant.

laissait d'autre intérêt dominant que celui de connaître la vérité. Aujourd'hui que mon cœur serré de détresse, mon âme affaissée par les ennuis [1], mon imagination effarouchée, ma tête troublée par tant d'affreux mystères dont je suis environné, aujourd'hui que toutes mes facultés, affaiblies par la vieillesse et les angoisses, ont perdu tout leur ressort, irai-je m'ôter à plaisir toutes les ressources que je m'étais ménagées, et donner plus de confiance à ma raison déclinante pour me rendre injustement malheureux, qu'à ma raison pleine et vigoureuse pour me dédommager des maux que je souffre sans les avoir mérités ? Non, je ne suis ni plus sage, ni mieux instruit, ni de meilleure foi que quand je me décidai sur ces grandes questions ; je n'ignorais pas alors les difficultés dont je me laisse troubler aujourd'hui ; elles ne m'arrêtèrent pas, et s'il s'en présente quelques nouvelles dont on ne s'était pas encore avisé, ce sont les sophismes d'une subtile métaphysique, qui ne sauraient balancer les vérités éternelles admises de tous les temps, par tous les sages, reconnues par toutes les nations et gravées dans le cœur humain en caractères ineffaçables. Je savais en méditant sur ces matières que l'entendement humain, circonscrit par les sens, ne les pouvait embrasser dans toute leur étendue. Je m'en tins donc à ce qui était à ma portée sans m'engager dans ce qui la passait [2]. Ce parti était raisonnable, je l'embrassai jadis, et m'y tins avec l'assentiment [3] de mon cœur et de ma raison. Sur quel fondement y renoncerais-je aujourd'hui que tant de puissants motifs m'y doivent tenir attaché ? quel danger vois-je à le suivre ? quel profit trouverais-je à l'abandonner ? En prenant la doctrine de mes persécuteurs, prendrais-je aussi leur morale ? Cette morale sans racine et sans fruit qu'ils étalent pompeusement dans des livres ou dans quelque action d'éclat sur le théâtre, sans qu'il en pénètre jamais rien dans le cœur ni dans la raison [4] ; ou bien cette autre morale secrète et cruelle, doctrine intérieure de tous leurs initiés,

---

1. Tourments, malheurs.
2. Dépassait.
3. L'approbation.
4. Allusion aux drames de Diderot et à la morale utilitaire de d'Holbach et d'Helvétius.

à laquelle l'autre ne sert que de masque, qu'ils suivent seule dans leur conduite et qu'ils ont si habilement pratiquée à mon égard. Cette morale, purement offensive, ne sert point à la défense, et n'est bonne qu'à l'agression. De quoi me servirait-elle dans l'état où ils m'ont réduit ? Ma seule innocence me soutient dans les malheurs ; et combien me rendrais-je plus malheureux encore, si m'ôtant cette unique mais puissante ressource j'y substituais la méchanceté ? Les atteindrais-je dans l'art de nuire, et quand j'y réussirais, de quel mal me soulagerait celui que je leur pourrais faire ? Je perdrais ma propre estime et je ne gagnerais rien à la place.

C'est ainsi que raisonnant avec moi-même, je parvins à ne plus me laisser ébranler dans mes principes par des arguments captieux [1], par des objections insolubles et par des difficultés qui passaient ma portée et peut-être celle de l'esprit humain. Le mien, restant dans la plus solide assiette [2] que j'avais pu lui donner, s'accoutuma si bien à s'y reposer à l'abri de ma conscience, qu'aucune doctrine étrangère ancienne ou nouvelle ne peut plus l'émouvoir ni troubler un instant mon repos. Tombé dans la langueur et l'appesantissement d'esprit, j'ai oublié jusqu'aux raisonnements sur lesquels je fondais ma croyance et mes maximes, mais je n'oublierai jamais les conclusions que j'en ai tirées avec l'approbation de ma conscience et de ma raison, et je m'y tiens désormais. Que tous les philosophes viennent ergoter [3] contre : ils perdront leur temps et leurs peines. Je me tiens pour le reste de ma vie, en toute chose, au parti que j'ai pris quand j'étais plus en état de bien choisir.

Tranquille dans ces dispositions, j'y trouve, avec le contentement de moi, l'espérance et les consolations dont j'ai besoin dans ma situation. Il n'est pas possible qu'une solitude aussi complète, aussi permanente, aussi triste en elle-même, l'animosité toujours sensible et toujours active de toute la génération présente, les indignités dont elle m'accable sans cesse, ne me jettent quelquefois dans l'abat-

---

1. Qui induisent en erreur.
2. L'état le plus stable.
3. Chicaner, contester par des arguments spécieux.

tement ; l'espérance ébranlée, les doutes décourageants reviennent encore de temps à autre troubler mon âme et la remplir de tristesse. C'est alors qu'incapable des opérations de l'esprit nécessaires pour me rassurer moi-même, j'ai besoin de me rappeler mes anciennes résolutions ; les soins, l'attention, la sincérité de cœur que j'ai mise à les prendre, reviennent alors à mon souvenir et me rendent toute ma confiance. Je me refuse ainsi à toutes nouvelles idées comme à des erreurs funestes qui n'ont qu'une fausse apparence et ne sont bonnes qu'à troubler mon repos.

Ainsi retenu dans l'étroite sphère de mes anciennes connaissances je n'ai pas, comme Solon, le bonheur de pouvoir m'instruire chaque jour en vieillissant, et je dois même me garantir du dangereux orgueil de vouloir apprendre ce que je suis désormais hors d'état de bien savoir. Mais s'il me reste peu d'acquisitions à espérer du côté des lumières utiles, il m'en reste de bien importantes à faire du côté des vertus nécessaires à mon état. C'est là qu'il serait temps d'enrichir et d'orner mon âme d'un acquis qu'elle pût emporter avec elle, lorsque délivrée de ce corps qui l'offusque et l'aveugle, et voyant la vérité sans voile, elle apercevra la misère de toutes ces connaissances dont nos faux savants sont si vains. Elle gémira des moments perdus en cette vie à les vouloir acquérir. Mais la patience, la douceur, la résignation, l'intégrité, la justice impartiale sont un bien qu'on emporte avec soi, et dont on peut s'enrichir sans cesse, sans craindre que la mort même nous en fasse perdre le prix. C'est à cette unique et utile étude que je consacre le reste de ma vieillesse. Heureux si par mes progrès sur moi-même, j'apprends à sortir de la vie, non meilleur, car cela n'est pas possible, mais plus vertueux que je n'y suis entré.

Quatrième promenade

Dans le petit nombre de livres que je lis quelquefois encore, Plutarque est celui qui m'attache et me profite le plus [1]. Ce fut la première lecture de mon enfance, ce sera la dernière de ma vieillesse ; c'est presque le seul auteur que je n'ai jamais lu sans en tirer quelque fruit. Avant-hier, je lisais dans ses œuvres morales le traité *Comment on pourra tirer utilité de ses ennemis*. Le même jour, en rangeant quelques brochures qui m'ont été envoyées par les auteurs, je tombai sur un des journaux de l'abbé Rozier, au titre duquel il avait mis ces paroles : *Vitam vero impendenti*, Rozier [2]. Trop au fait des tournures [3] de ces messieurs [4] pour prendre le change [5] sur celle-là, je compris qu'il avait cru sous cet air de politesse me dire une cruelle contre-vérité : mais sur quoi fondé ? pourquoi ce sarcasme ? quel sujet y pouvais-je avoir donné ? Pour mettre à profit les leçons du bon Plutarque je résolus d'employer à m'examiner sur le mensonge la promenade du lendemain, et j'y

1. Même déclaration dans les *Confessions* et... chez Montaigne : « Quant à mon autre leçon [lecture], qui mêle un peu plus de fruit au plaisir, par où j'apprends à ranger mes humeurs et mes conditions, les livres qui m'y servent, c'est Plutarque et Sénèque » (*Essais*, II, 10).
2. « À celui qui a consacré sa vie à la vérité. »
3. Tournures d'esprit : Rousseau lit la dédicace par antiphrase, et la prend pour un sarcasme.
4. Les ennemis de Jean-Jacques : les philosophes, les théologiens, les médecins, les oratoriens, etc.
5. Me tromper, être abusé par une fausse lecture.

vins bien confirmé dans l'opinion déjà prise que le *Connais-toi toi-même* du Temple de Delphes [1] n'était pas une maxime si facile à suivre que je l'avais cru dans mes *Confessions*.

Le lendemain, m'étant mis en marche pour exécuter cette résolution, la première idée qui me vint en commençant à me recueillir fut celle d'un mensonge affreux fait dans ma première jeunesse [2], dont le souvenir m'a troublé toute ma vie et vient, jusque dans ma vieillesse, contrister encore mon cœur déjà navré de tant d'autres façons. Ce mensonge, qui fut un grand crime en lui-même, en dut être un plus grand encore par ses effets que j'ai toujours ignorés, mais que le remords m'a fait supposer aussi cruels qu'il était possible. Cependant, à ne consulter que la disposition où j'étais en le faisant, ce mensonge ne fut qu'un fruit de la mauvaise honte, et bien loin qu'il partît d'une intention de nuire à celle qui en fut la victime, je puis jurer à la face du ciel qu'à l'instant même où cette honte invincible me l'arrachait j'aurais donné tout mon sang avec joie pour en détourner l'effet sur moi seul. C'est un délire que je ne puis expliquer qu'en disant, comme je crois le sentir, qu'en cet instant mon naturel timide subjugua tous les vœux de mon cœur. Le souvenir de ce malheureux acte et les inextinguibles [3] regrets qu'il m'a laissés m'ont inspiré pour le mensonge une horreur qui a dû garantir mon cœur de ce vice pour le reste de ma vie. Lorsque je pris ma devise [4], je me sentais fait pour la mériter, et je ne doutais pas que je n'en fusse digne quand sur le mot de l'abbé Rozier je commençai de m'examiner plus sérieusement.

Alors en m'épluchant avec plus de soin, je fus bien sur-

---

1. La maxime de l'école socratique était gravée sur le fronton du temple d'Apollon.
2. Ayant dérobé un ruban, Rousseau a accusé la jeune servante Marion du vol. « Le comte de la Roque se contenta de dire que la conscience du coupable vengerait assez l'innocent. Sa prédiction n'a pas été vaine ; elle ne cesse un seul jour de s'accomplir » (*Les Confessions*, II).
3. Qui ne peut s'éteindre.
4. « *Vitam impendere vero* [consacrer sa vie à la vérité] : voilà la devise que j'ai choisie, et dont je me sens digne », écrit Rousseau dans la *Lettre à d'Alembert* (1756). Cette devise est empruntée à Juvénal, le grand satiriste latin.

pris du nombre de choses de mon invention que je me rappelais avoir dites comme vraies dans le même temps où, fier en moi-même de mon amour pour la vérité, je lui sacrifiais ma sûreté, mes intérêts, ma personne, avec une impartialité dont je ne connais nul autre exemple parmi les humains.

Ce qui me surprit le plus était qu'en me rappelant ces choses controuvées [1], je n'en sentais aucun vrai repentir. Moi dont l'horreur pour la fausseté n'a rien dans mon cœur qui la balance, moi qui braverais les supplices s'il les fallait éviter par un mensonge, par quelle bizarre inconséquence mentais-je ainsi de gaieté de cœur sans nécessité, sans profit, et par quelle inconcevable contradiction n'en sentais-je pas le moindre regret, moi que le remords d'un mensonge n'a cessé d'affliger pendant cinquante ans ? Je ne me suis jamais endurci sur mes fautes ; l'instinct moral [2] m'a toujours bien conduit, ma conscience a gardé sa première intégrité, et quand même elle se serait altérée en se pliant à mes intérêts, comment, gardant toute sa droiture dans les occasions où l'homme forcé par ses passions peut au moins s'excuser sur sa faiblesse, la perd-elle uniquement dans les choses indifférentes où le vice n'a point d'excuse ? Je vis que de la solution de ce problème dépendait la justesse du jugement que j'avais à porter en ce point sur moi-même, et après l'avoir bien examiné voici de quelle manière je parvins à me l'expliquer.

Je me souviens d'avoir lu dans un livre de philosophie que mentir c'est cacher une vérité que l'on doit manifester. Il suit bien de cette définition que taire une vérité qu'on n'est pas obligé de dire n'est pas mentir ; mais celui qui non content en pareil cas de ne pas dire la vérité dit le contraire, ment-il alors, ou ne ment-il pas ? Selon la définition, l'on ne saurait dire qu'il ment. Car s'il donne de la fausse monnaie à un homme auquel il ne doit rien, il trompe cet homme, sans doute, mais il ne le vole pas.

Il se présente ici deux questions à examiner, très importantes l'une et l'autre. La première, quand et comment on

---

1. Inventées, fausses.
2. Cet « instinct » produit les premiers mouvements de l'homme naturel : la pitié, l'amour de l'humanité et la vertu.

doit à autrui la vérité, puisqu'on ne la doit pas toujours. La seconde, s'il est des cas où l'on puisse tromper innocemment. Cette seconde question est très décidée, je le sais bien ; négativement dans les livres, où la plus austère morale ne coûte rien à l'auteur, affirmativement dans la société où la morale des livres passe pour un bavardage impossible à pratiquer. Laissons donc ces autorités qui se contredisent, et cherchons par mes propres principes à résoudre pour moi ces questions.

La vérité générale et abstraite est le plus précieux de tous les biens. Sans elle l'homme est aveugle ; elle est l'œil de la raison. C'est par elle que l'homme apprend à se conduire, à être ce qu'il doit être, à faire ce qu'il doit faire, à tendre à sa véritable fin. La vérité particulière et individuelle n'est pas toujours un bien, elle est quelquefois un mal, très souvent une chose indifférente. Les choses qu'il importe à un homme de savoir et dont la connaissance est nécessaire à son bonheur ne sont peut-être pas en grand nombre ; mais en quelque nombre qu'elles soient elles sont un bien qui lui appartient, qu'il a droit de réclamer partout où il le trouve, et dont on ne peut le frustrer sans commettre le plus inique de tous les vols, puisqu'elle est de ces biens communs à tous dont la communication n'en prive point celui qui le donne.

Quant aux vérités qui n'ont aucune sorte d'utilité ni pour l'instruction ni dans la pratique, comment seraient-elles un bien dû, puisqu'elles ne sont pas même un bien ? et puisque la propriété n'est fondée que sur l'utilité, où il n'y a point d'utilité possible il ne peut y avoir de propriété. On peut réclamer un terrain quoique stérile parce qu'on peut au moins habiter sur le sol : mais qu'un fait oiseux [1], indifférent à tous égards et sans conséquence pour personne soit vrai ou faux, cela n'intéresse qui que ce soit. Dans l'ordre moral rien n'est inutile non plus que dans l'ordre physique. Rien ne peut être dû de ce qui n'est bon à rien ; pour qu'une chose soit due, il faut qu'elle soit ou puisse être utile. Ainsi, la vérité due est celle qui intéresse la justice et c'est profaner ce nom sacré de vérité que de l'appliquer aux choses

---

1. Vain, futile, sans importance.

vaines dont l'existence est indifférente à tous, et dont la connaissance est inutile à tout. La vérité dépouillée de toute espèce d'utilité même possible, ne peut donc pas être une chose due, et par conséquent celui qui la tait ou la déguise ne ment point.

Mais est-il de ces vérités si parfaitement stériles qu'elles soient de tout point inutiles à tout, c'est un autre article à discuter et auquel je reviendrai tout à l'heure. Quant à présent passons à la seconde question.

Ne pas dire ce qui est vrai et dire ce qui est faux sont deux choses très différentes, mais dont peut néanmoins résulter le même effet ; car ce résultat est assurément bien le même toutes les fois que cet effet est nul. Partout où la vérité est indifférente l'erreur contraire est indifférente aussi ; d'où il suit qu'en pareil cas celui qui trompe en disant le contraire de la vérité n'est pas plus injuste que celui qui trompe en ne la déclarant pas ; car en fait de vérités inutiles, l'erreur n'a rien de pire que l'ignorance. Que je croie le sable qui est au fond de la mer blanc ou rouge, cela ne m'importe pas plus que d'ignorer de quelle couleur il est. Comment pourrait-on être injuste en ne nuisant à personne, puisque l'injustice ne consiste que dans le tort fait à autrui ?

Mais ces questions ainsi sommairement décidées ne sauraient me fournir encore aucune application sûre pour la pratique, sans beaucoup d'éclaircissements préalables nécessaires pour faire avec justesse cette application dans tous les cas qui peuvent se présenter. Car si l'obligation de dire la vérité n'est fondée que sur son utilité, comment me constituerai-je juge de cette utilité ? Très souvent l'avantage de l'un fait le préjudice de l'autre, l'intérêt particulier est presque toujours en opposition avec l'intérêt public. Comment se conduire en pareil cas ? Faut-il sacrifier l'utilité de l'absent à celle de la personne à qui l'on parle ? Faut-il taire ou dire la vérité qui, profitant à l'un, nuit à l'autre ? Faut-il peser tout ce qu'on doit dire à l'unique balance du bien public ou à celle de la justice distributive [1], et suis-je assuré de connaître assez tous les rap-

---

1. La justice qui donne à chacun la part qui lui revient.

ports de la chose pour ne dispenser les lumières dont je dispose que sur les règles de l'équité ? De plus, en examinant ce qu'on doit aux autres, ai-je examiné suffisamment ce qu'on se doit à soi-même, ce qu'on doit à la vérité pour elle seule ? Si je ne fais aucun tort à un autre en le trompant, s'ensuit-il que je ne m'en fasse point à moi-même, et suffit-il de n'être jamais injuste pour être toujours innocent ?

Que d'embarrassantes discussions dont il serait aisé de se tirer en se disant, soyons toujours vrai au risque de tout ce qui en peut arriver. La justice elle-même est dans la vérité des choses ; le mensonge est toujours iniquité, l'erreur est toujours imposture, quand on donne ce qui n'est pas pour la règle de ce qu'on doit faire ou croire : et quelque effet qui résulte de la vérité on est toujours inculpable [1] quand on l'a dite, parce qu'on n'y a rien mis du sien.

Mais c'est là trancher la question sans la résoudre. Il ne s'agissait pas de prononcer s'il serait bon de dire toujours la vérité, mais si l'on y était toujours également obligé, et sur la définition que j'examinais, supposant que non, de distinguer les cas où la vérité est rigoureusement due, de ceux où l'on peut la taire sans injustice et la déguiser sans mensonge : car j'ai trouvé que de tels cas existaient réellement. Ce dont il s'agit est donc de chercher une règle pour les connaître et les bien déterminer.

Mais d'où tirer cette règle et la preuve de son infaillibilité ?... Dans toutes les questions de morale difficiles comme celle-ci, je me suis toujours bien trouvé de les résoudre par le dictamen de ma conscience [2], plutôt que par les lumières de ma raison. Jamais l'instinct moral ne m'a trompé : il a gardé jusqu'ici sa pureté dans mon cœur assez pour que je puisse m'y confier, et s'il se tait quelquefois devant mes passions dans ma conduite, il reprend bien son empire sur elles dans mes souvenirs. C'est là que je me juge moi-même avec autant de sévérité peut-être que je serai jugé par le souverain juge après cette vie.

Juger des discours des hommes par les effets qu'ils produisent c'est souvent mal les apprécier. Outre que ces

---

1. On ne peut être inculpé.
2. Ce que me dicte ma conscience.

effets ne sont pas toujours sensibles et faciles à connaître, ils varient à l'infini comme les circonstances dans lesquelles ces discours sont tenus. Mais c'est uniquement l'intention de celui qui les tient qui les apprécie et détermine leur degré de malice ou de bonté. Dire faux n'est mentir que par l'intention de tromper, et l'intention même de tromper loin d'être toujours jointe avec celle de nuire a quelquefois un but tout contraire. Mais pour rendre un mensonge innocent il ne suffit pas que l'intention de nuire ne soit pas expresse, il faut de plus la certitude que l'erreur dans laquelle on jette ceux à qui l'on parle ne peut nuire à eux ni à personne en quelque façon que ce soit. Il est rare et difficile qu'on puisse avoir cette certitude ; aussi est-il difficile et rare qu'un mensonge soit parfaitement innocent. Mentir pour son avantage à soi-même est imposture, mentir pour l'avantage d'autrui est fraude, mentir pour nuire est calomnie ; c'est la pire espèce de mensonge. Mentir sans profit ni préjudice de soi ni d'autrui n'est pas mentir : ce n'est pas mensonge, c'est fiction [1].

Les fictions qui ont un objet moral s'appellent apologues ou fables, et comme leur objet n'est ou ne doit être que d'envelopper des vérités utiles sous des formes sensibles et agréables, en pareil cas on ne s'attache guère à cacher le mensonge de fait qui n'est que l'habit de la vérité, et celui qui ne débite une fable que pour une fable ne ment en aucune façon.

Il est d'autres fictions purement oiseuses [2], telles que sont la plupart des contes et des romans qui, sans renfermer aucune instruction véritable, n'ont pour objet que l'amusement. Celles-là, dépouillées de toute utilité morale, ne peuvent s'apprécier que par l'intention de celui qui les invente, et lorsqu'il les débite avec affirmation comme des vérités réelles on ne peut guère disconvenir qu'elles ne soient de vrais mensonges. Cependant qui jamais s'est fait un grand scrupule de ces mensonges-là, et qui jamais en a fait un reproche grave à ceux qui les font ? S'il y a par exemple quelque objet moral dans *Le*

---

1. « Invention poétique, produit de l'imagination » (Trévoux).
2. Inutiles, futiles.

Temple de Gnide [1], cet objet est bien offusqué et gâté par les détails voluptueux et par les images lascives. Qu'a fait l'auteur pour couvrir cela d'un vernis de modestie [2]? Il a feint [3] que son ouvrage était la traduction d'un manuscrit grec, et il a fait l'histoire de la découverte de ce manuscrit de la façon la plus propre à persuader ses lecteurs de la vérité de son récit. Si ce n'est pas là un mensonge bien positif, qu'on me dise donc ce que c'est que mentir? Cependant qui est-ce qui s'est avisé de faire à l'auteur un crime de ce mensonge et de le traiter pour cela d'imposteur?

On dira vainement que ce n'est là qu'une plaisanterie, que l'auteur tout en affirmant ne voulait persuader personne, qu'il n'a persuadé personne en effet, et que le public n'a pas douté un moment qu'il ne fût lui-même l'auteur de l'ouvrage prétendu grec dont il se donnait pour le traducteur. Je répondrai qu'une pareille plaisanterie sans aucun objet n'eût été qu'un bien sot enfantillage, qu'un menteur ne ment pas moins quand il affirme quoiqu'il ne persuade pas, qu'il faut détacher du public instruit des multitudes de lecteurs simples et crédules à qui l'histoire du manuscrit, narrée par un auteur grave avec un air de bonne foi, en a réellement imposé, et qui ont bu sans crainte, dans une coupe de forme antique, le poison dont ils se seraient au moins défiés s'il leur eût été présenté dans un vase moderne.

Que ces distinctions se trouvent ou non dans les livres, elles ne s'en font pas moins dans le cœur de tout homme de bonne foi avec lui-même, qui ne veut rien se permettre que sa conscience puisse lui reprocher. Car dire une chose fausse à son avantage n'est pas moins mentir que si on la disait au préjudice d'autrui, quoique le mensonge soit moins criminel. Donner l'avantage à qui ne doit pas l'avoir c'est troubler l'ordre et la justice ; attribuer faussement à soi-même ou à autrui un acte d'où peut résulter louange

---

1. Conte allégorique de Montesquieu publié en 1725. Rousseau le cite à dessein dans *La Nouvelle Héloïse* : le temple de Gnide est le lieu où se réunissent les amants fidèles.
2. Décence.
3. Il a fait semblant.

ou blâme, inculpation ou disculpation, c'est faire une chose injuste ; or tout ce qui, contraire à la vérité, blesse la justice en quelque façon que ce soit, c'est mensonge. Voilà la limite exacte : mais tout ce qui, contraire à la vérité, n'intéresse la justice en aucune sorte, n'est que fiction, et j'avoue que quiconque se reproche une pure fiction comme un mensonge a la conscience plus délicate que moi.

Ce qu'on appelle mensonges officieux [1] sont de vrais mensonges, parce qu'en imposer à l'avantage soit d'autrui, soit de soi-même, n'est pas moins injuste que d'en imposer à son détriment. Quiconque loue ou blâme contre la vérité ment, dès qu'il s'agit d'une personne réelle. S'il s'agit d'un être imaginaire il en peut dire tout ce qu'il veut sans mentir, à moins qu'il ne juge sur la moralité des faits qu'il invente et qu'il n'en juge faussement ; car alors, s'il ne ment pas dans le fait, il ment contre la vérité morale, cent fois plus respectable que celle des faits.

J'ai vu de ces gens qu'on appelle vrais dans le monde. Toute leur véracité s'épuise dans les conversations oiseuses à citer fidèlement les lieux, les temps, les personnes, à ne se permettre aucune fiction, à ne broder aucune circonstance, à ne rien exagérer. En tout ce qui ne touche point à leur intérêt ils sont dans leurs narrations de la plus inviolable fidélité. Mais s'agit-il de traiter quelque affaire qui les regarde, de narrer quelque fait qui leur touche de près ; toutes les couleurs sont employées pour présenter les choses sous le jour qui leur est le plus avantageux, et si le mensonge leur est utile et qu'ils s'abstiennent de le dire eux-mêmes, ils le favorisent avec adresse et font en sorte qu'on l'adopte sans le leur pouvoir imputer. Ainsi le veut la prudence : adieu la véracité.

L'homme que j'appelle *vrai* fait tout le contraire. En choses parfaitement indifférentes la vérité qu'alors l'autre respecte si fort le touche fort peu, et il ne se fera guère de scrupule d'amuser une compagnie par des faits controuvés dont il ne résulte aucun jugement injuste ni pour ni contre qui que ce soit, vivant ou mort. Mais tout discours qui produit pour quelqu'un profit ou dommage, estime ou

---

1. Faits pour rendre service.

mépris, louange ou blâme contre la justice et la vérité, est un mensonge qui jamais n'approchera de son cœur, ni de sa bouche, ni de sa plume. Il est solidement *vrai*, même contre son intérêt quoiqu'il se pique assez peu de l'être dans les conversations oiseuses : il est *vrai* en ce qu'il ne cherche à tromper personne, qu'il est aussi fidèle à la vérité qui l'accuse qu'à celle qui l'honore, et qu'il n'en impose jamais pour son avantage ni pour nuire à son ennemi. La différence donc qu'il y a entre mon homme vrai et l'autre, est que celui du monde est très rigoureusement fidèle à toute vérité qui ne lui coûte rien, mais pas au-delà, et que le mien ne la sert jamais si fidèlement que quand il faut s'immoler pour elle.

Mais, dirait-on, comment accorder ce relâchement avec cet ardent amour pour la vérité dont je le glorifie ? Cet amour est donc faux puisqu'il souffre tant d'alliage [1] ? Non, il est pur et vrai : mais il n'est qu'une émanation de l'amour de la justice et ne veut jamais être faux quoiqu'il soit souvent fabuleux. Justice et vérité sont dans son esprit deux mots synonymes qu'il prend l'un pour l'autre indifféremment. La sainte vérité que son cœur adore ne consiste point en faits indifférents et en noms inutiles, mais à rendre fidèlement à chacun ce qui lui est dû en choses qui sont véritablement siennes, en imputations [2] bonnes ou mauvaises, en rétributions d'honneur ou de blâme, de louange et d'improbation [3]. Il n'est faux ni contre autrui, parce que son équité l'en empêche et qu'il ne veut nuire à personne injustement, ni pour lui-même, parce que sa conscience l'en empêche et qu'il ne saurait s'approprier ce qui n'est pas à lui. C'est surtout de sa propre estime qu'il est jaloux ; c'est le bien dont il peut le moins se passer, et il sentirait une perte réelle d'acquérir celle des autres aux dépens de ce bien-là. Il mentira donc quelquefois en choses indifférentes sans scrupule et sans croire mentir, jamais pour le dommage ou le profit d'autrui ni de lui-même. En tout ce qui tient aux vérités historiques, en tout ce qui a trait à la conduite des hommes, à la justice, à la sociabilité, aux

---

1. De mélange.
2. En les alléguant.
3. De réprobation.

lumières utiles, il garantira de l'erreur et lui-même et les autres autant qu'il dépendra de lui. Tout mensonge hors de là selon lui n'en est pas un. Si *Le Temple de Gnide* est un ouvrage utile, l'histoire du manuscrit grec n'est qu'une fiction très innocente ; elle est un mensonge très punissable si l'ouvrage est dangereux.

Telles furent mes règles de conscience sur le mensonge et sur la vérité. Mon cœur suivait machinalement ces règles avant que ma raison les eût adoptées, et l'instinct moral en fit seul l'application. Le criminel mensonge dont la pauvre Marion [1] fut la victime m'a laissé d'ineffaçables remords qui m'ont garanti tout le reste de ma vie non seulement de tout mensonge de cette espèce, mais de tous ceux qui, de quelque façon que ce pût être, pouvaient toucher l'intérêt et la réputation d'autrui. En généralisant ainsi l'exclusion je me suis dispensé de peser exactement l'avantage et le préjudice, et de marquer les limites précises du mensonge nuisible et du mensonge officieux ; en regardant l'un et l'autre comme coupables, je me les suis interdits tous les deux.

En ceci comme en tout le reste, mon tempérament a beaucoup influé sur mes maximes, ou plutôt sur mes habitudes ; car je n'ai guère agi par règles ou n'ai guère suivi d'autres règles en toute chose que les impulsions de mon naturel. Jamais mensonge prémédité n'approcha de ma pensée, jamais je n'ai menti pour mon intérêt ; mais souvent j'ai menti par honte, pour me tirer d'embarras en choses indifférentes ou qui n'intéressaient tout au plus que moi seul, lorsque ayant à soutenir un entretien la lenteur de mes idées et l'aridité de ma conversation me forçaient de recourir aux fictions pour avoir quelque chose à dire. Quand il faut nécessairement parler et que des vérités amusantes ne se présentent pas assez tôt à mon esprit je débite des fables [2] pour ne pas demeurer muet ; mais dans l'invention de ces fables j'ai soin, tant que je puis, qu'elles ne soient pas des mensonges, c'est-à-dire qu'elles ne blessent ni la justice ni la vérité due, et qu'elles ne soient que des fictions indifférentes à tout le monde et à moi. Mon

---

1. La servante qu'il avait accusée du vol du ruban.
2. Des histoires inventées.

désir serait bien d'y substituer au moins à la vérité des faits une vérité morale, c'est-à-dire d'y bien représenter les affections naturelles au cœur humain, et d'en faire sortir toujours quelque instruction utile, d'en faire en un mot des contes moraux, des apologues ; mais il faudrait plus de présence d'esprit que je n'en ai et plus de facilité dans la parole pour savoir mettre à profit pour l'instruction le babil de la conversation. Sa marche, plus rapide que celle de mes idées, me forçant presque toujours de parler avant de penser, m'a souvent suggéré des sottises et des inepties que ma raison désapprouvait et que mon cœur désavouait à mesure qu'elles échappaient de ma bouche, mais qui précédant mon propre jugement ne pouvaient plus être réformées par sa censure.

C'est encore par cette première et irrésistible impulsion du tempérament que dans des moments imprévus et rapides, la honte et la timidité m'arrachent souvent des mensonges auxquels ma volonté n'a point de part, mais qui la précèdent en quelque sorte par la nécessité de répondre à l'instant. L'impression profonde du souvenir de la pauvre Marion peut bien retenir toujours ceux qui pourraient être nuisibles à d'autres, mais non pas ceux qui peuvent servir à me tirer d'embarras quand il s'agit de moi seul, ce qui n'est pas moins contre ma conscience et mes principes que ceux qui peuvent influer sur le sort d'autrui.

J'atteste le ciel que si je pouvais l'instant d'après retirer le mensonge qui m'excuse et dire la vérité qui me charge sans me faire un nouvel affront en me rétractant, je le ferais de tout mon cœur ; mais la honte de me prendre ainsi moi-même en faute me retient encore, et je me repens très sincèrement de ma faute, sans néanmoins l'oser réparer. Un exemple expliquera mieux ce que je veux dire et montrera que je ne mens ni par intérêt ni par amour-propre, encore moins par envie ou par malignité, mais uniquement par embarras et mauvaise honte, sachant même très bien quelquefois que ce mensonge est connu pour tel et ne peut me servir du tout à rien.

Il y a quelque temps que M. Foulquier m'engagea contre mon usage à aller avec ma femme dîner, en manière de pique-nique, avec lui et son ami Benoit chez la dame Vacassin, restauratrice, laquelle et ses deux filles dînèrent aussi avec nous. Au milieu du dîner, l'aînée, qui est mariée et qui était grosse [1], s'avisa de me demander brusquement et en me fixant si j'avais eu des enfants. Je répondis en rougissant jusqu'aux yeux que je n'avais pas eu ce bonheur. Elle sourit malignement en regardant la compagnie : tout cela n'était pas bien obscur [2], même pour moi.

Il est clair d'abord que cette réponse n'est point celle que j'aurais voulu faire, quand même j'aurais eu l'intention d'en imposer ; car dans la disposition où je voyais celle qui me faisait la question j'étais bien sûr que ma réponse ne changeait rien à son opinion sur ce point. On s'attendait à cette négative [3], on la provoquait même pour jouir du plaisir de m'avoir fait mentir. Je n'étais pas assez bouché [4] pour ne pas sentir cela. Deux minutes après, la réponse que j'aurais dû faire me vint d'elle-même. *Voilà une question peu discrète de la part d'une jeune femme à un homme qui a vieilli garçon.* En parlant ainsi, sans mentir, sans avoir à rougir d'aucun aveu, je mettais les rieurs de mon côté, et je lui faisais une petite leçon qui naturellement devait la rendre un peu moins impertinente à me questionner. Je ne fis rien de tout cela, je ne dis point ce qu'il fallait dire, je dis ce qu'il ne fallait pas et qui ne pouvait me servir de rien. Il est donc certain que ni mon jugement ni ma volonté ne dictèrent ma réponse et qu'elle fut l'effet machinal de mon embarras. Autrefois je n'avais point cet embarras et je faisais l'aveu de mes fautes avec plus de franchise que de honte, parce que je ne doutais pas qu'on ne vît ce qui les rachetait et que je sentais au-dedans de moi ; mais l'œil de la malignité me navre [5] et me déconcerte ; en devenant plus malheureux je suis devenu plus timide et jamais je n'ai menti que par timidité.

Je n'ai jamais mieux senti mon aversion naturelle pour le mensonge qu'en écrivant mes *Confessions*, car c'est là que les tentations auraient été fréquentes et fortes, pour peu

1. Enceinte.
2. Était assez clair.
3. Cette réponse négative.
4. « On dit figurément qu'un homme a l'esprit *bouché* quand il est peu intelligent, quand il a la conception dure et tardive » (Trévoux).
5. Me blesse.

que mon penchant m'eût porté de ce côté. Mais loin d'avoir rien tu, rien dissimulé qui fût à ma charge, par un tour d'esprit que j'ai peine à m'expliquer et qui vient peut-être d'éloignement pour toute imitation, je me sentais plutôt porté à mentir dans le sens contraire en m'accusant avec trop de sévérité qu'en m'excusant avec trop d'indulgence, et ma conscience m'assure qu'un jour je serai jugé moins sévèrement que je ne me suis jugé moi-même. Oui je le dis et le sens avec une fière élévation d'âme, j'ai porté dans cet écrit la bonne foi, la véracité, la franchise, aussi loin, plus loin même, au moins je le crois, que ne fit jamais aucun autre homme ; sentant que le bien surpassait le mal j'avais mon intérêt à tout dire, et j'ai tout dit.

Je n'ai jamais dit moins, j'ai dit plus quelquefois, non dans les faits, mais dans les circonstances, et cette espèce de mensonge fut plutôt l'effet du délire de l'imagination qu'un acte de la volonté. J'ai tort même de l'appeler mensonge, car aucune de ces additions n'en fut un. J'écrivais mes *Confessions* déjà vieux, et dégoûté des vains plaisirs de la vie que j'avais tous effleurés et dont mon cœur avait bien senti le vide. Je les écrivais de mémoire ; cette mémoire me manquait souvent ou ne me fournissait que des souvenirs imparfaits et j'en remplissais les lacunes par des détails que j'imaginais en supplément de ces souvenirs, mais qui ne leur étaient jamais contraires. J'aimais à m'étendre sur les moments heureux de ma vie, et je les embellissais quelquefois des ornements que de tendres regrets venaient me fournir. Je disais les choses que j'avais oubliées comme il me semblait qu'elles avaient dû être, comme elles avaient été peut-être en effet [1], jamais au contraire de ce que je me rappelais qu'elles avaient été. Je prêtais quelquefois à la vérité des charmes étrangers, mais jamais je n'ai mis le mensonge à la place pour pallier mes vices, ou pour m'arroger des vertus.

Que si quelquefois, sans y songer, par un mouvement involontaire j'ai caché le côté difforme en me peignant de profil, ces réticences ont bien été compensées par d'autres

---

1. Réellement.

réticences plus bizarres qui m'ont souvent fait taire le bien plus soigneusement que le mal. Ceci est une singularité de mon naturel qu'il est fort pardonnable aux hommes de ne pas croire, mais qui, tout incroyable qu'elle est n'en est pas moins réelle : j'ai souvent dit le mal dans toute sa turpitude, j'ai rarement dit le bien dans tout ce qu'il eut d'aimable, et souvent je l'ai tu tout à fait parce qu'il m'honnorait trop, et qu'en faisant mes *Confessions* j'aurais l'air d'avoir fait mon éloge. J'ai décrit mes jeunes ans sans me vanter des heureuses qualités dont mon cœur était doué et même en supprimant les faits qui les mettaient trop en évidence. Je m'en rappelle ici deux de ma première enfance, qui tous deux sont bien venus à mon souvenir en écrivant, mais que j'ai rejetés l'un et l'autre par l'unique raison dont je viens de parler.

J'allais presque tous les dimanches passer la journée aux Pâquis chez M. Fazy, qui avait épousé une de mes tantes et qui avait là une fabrique d'indiennes [1]. Un jour j'étais à l'étendage dans la chambre de la calandre [2] et j'en regardais les rouleaux de fonte : leur luisant flattait ma vue, je fus tenté d'y poser mes doigts et je les promenais avec plaisir sur le lissé [3] du cylindre, quand le jeune Fazy s'étant mis dans la roue lui donna un demi-quart de tour si adroitement qu'il n'y prit que le bout de mes deux plus longs doigts ; mais c'en fut assez pour qu'ils y fussent écrasés par le bout et que les deux ongles y restassent. Je fis un cri perçant, Fazy détourne à l'instant la roue, mais les ongles ne restèrent pas moins au cylindre et le sang ruisselait de mes doigts. Fazy, consterné, s'écrie, sort de la roue, m'embrasse, et me conjure d'apaiser mes cris, ajoutant qu'il était perdu. Au fort de ma douleur la sienne me toucha, je me tus, nous fûmes à la carpière [4] où il m'aida à laver mes doigts et à étancher mon sang avec de la mousse. Il me supplia avec larmes de ne point l'accuser ; je le lui promis et

---

1. Toiles de coton peintes, qui se fabriquaient à l'origine aux Indes.
2. « Terme de manufacture. Machine propre pour presser les draps et les toiles, et pour les rendre polies, unies et lisses. Ce mot vient du latin *cylindrus* parce que tout l'effet de la machine vient du cylindre » (Trévoux).
3. La surface polie.
4. Mare, réservoir d'eau.

le tins si bien, que plus de vingt ans après personne ne savait par quelle aventure j'avais deux de mes doigts cicatrisés ; car ils le sont demeurés toujours. Je fus détenu dans mon lit plus de trois semaines, et plus de deux mois hors d'état de me servir de ma main, disant toujours qu'une grosse pierre en tombant m'avait écrasé les doigts.

Magnanima menzogna! or quando è il vero
Si bello che si possa a te preporre [1] ?

Cet accident me fut pourtant bien sensible par la circonstance, car c'était le temps des exercices où l'on faisait manœuvrer la bourgeoisie, et nous avions fait un rang de trois autres enfants de mon âge avec lesquels je devais en uniforme faire l'exercice avec la compagnie de mon quartier. J'eus la douleur d'entendre le tambour de la compagnie passant sous ma fenêtre avec mes trois camarades, tandis que j'étais dans mon lit.

Mon autre histoire est toute semblable, mais d'un âge plus avancé.

Je jouais au mail [2] à Plain-Palais [3] avec un de mes camarades appelé Pleince. Nous prîmes querelle au jeu, nous nous battîmes et durant le combat il me donna sur la tête nue un coup de mail si bien appliqué que d'une main plus forte il m'eût fait sauter la cervelle. Je tombe à l'instant. Je ne vis de ma vie une agitation pareille à celle de ce pauvre garçon voyant mon sang ruisseler dans mes cheveux. Il crut m'avoir tué. Il se précipite sur moi, m'embrasse, me serre étroitement en fondant en larmes et poussant des cris perçants. Je l'embrassai aussi de toute ma force en pleurant comme lui dans une émotion confuse qui n'était pas sans quelque douceur. Enfin il se mit en devoir d'étancher mon sang qui continuait de couler, et voyant que nos deux mouchoirs n'y pouvaient suffire, il m'entraîna chez sa mère qui avait un petit jardin près de là. Cette bonne dame faillit à se trouver mal en me voyant dans cet état. Mais elle sut

---

1. « Généreux mensonge ! quelle vérité plus belle pourrait t'être préférée ? » (Le Tasse, *La Jérusalem délivrée*, II, 22.) Le Tasse est un poète souvent cité par Rousseau dans *La Nouvelle Héloïse*.
2. Au maillet.
3. Quartier du sud-ouest de Genève.

conserver des forces pour me panser, et après avoir bien bassiné ma plaie elle y appliqua des fleurs de lis macérées dans l'eau-de-vie, vulnéraire [1] excellent et très usité dans notre pays. Ses larmes et celles de son fils pénétrèrent mon cœur au point que longtemps je la regardai comme ma mère et son fils comme mon frère, jusqu'à ce qu'ayant perdu l'un et l'autre de vue, je les oubliai peu à peu.

Je gardai le même secret sur cet accident que sur l'autre, et il m'en est arrivé cent autres de pareille nature en ma vie, dont je n'ai pas même été tenté de parler dans mes *Confessions*, tant j'y cherchais peu l'art de faire valoir le bien que je sentais dans mon caractère. Non, quand j'ai parlé contre la vérité qui m'était connue, ce n'a jamais été qu'en choses indifférentes, et plus, ou par l'embarras de parler ou pour le plaisir d'écrire que par aucun motif d'intérêt pour moi, ni d'avantage ou de préjudice d'autrui. Et quiconque lira mes *Confessions* impartialement, si jamais cela arrive, sentira que les aveux que j'y fais sont plus humiliants, plus pénibles à faire, que ceux d'un mal plus grand mais moins honteux à dire, et que je n'ai pas dit parce que je ne l'ai pas fait.

Il suit de toutes ces réflexions que la profession de véracité que je me suis faite a plus son fondement sur des sentiments de droiture et d'équité que sur la réalité des choses, et que j'ai plus suivi dans la pratique les directions morales de ma conscience que les notions abstraites du vrai et du faux. J'ai souvent débité bien des fables, mais j'ai très rarement menti. En suivant ces principes j'ai donné sur moi beaucoup de prise aux autres, mais je n'ai fait tort à qui que ce fût, et je ne me suis point attribué à moi-même plus d'avantage qu'il ne m'en était dû. C'est uniquement par là, ce me semble, que la vérité est une vertu. À tout autre égard elle n'est pour nous qu'un être métaphysique dont il ne résulte ni bien ni mal.

Je ne sens pourtant pas mon cœur assez content de ces distinctions pour me croire tout à fait irrépréhensible [2]. En pesant avec tant de soin ce que je devais aux autres, ai-je

---

1. Remède que l'on applique sur les plaies pour guérir les blessures (*vulnus*).

2. Exempt de reproches.

assez examiné ce que je me devais à moi-même ? S'il faut être juste pour autrui, il faut être vrai pour soi, c'est un hommage que l'honnête homme doit rendre à sa propre dignité. Quand la stérilité de ma conversation me forçait d'y suppléer par d'innocentes fictions j'avais tort, parce qu'il ne faut point, pour amuser autrui, s'avilir soi-même ; et quand, entraîné par le plaisir d'écrire, j'ajoutais à des choses réelles des ornements inventés, j'avais plus de tort encore parce qu'orner la vérité par des fables c'est en effet la défigurer.

Mais ce qui me rend plus inexcusable est la devise que j'avais choisie. Cette devise m'obligeait plus que tout autre homme à une profession plus étroite de la vérité, et il ne suffisait pas que je lui sacrifiasse partout mon intérêt et mes penchants, il fallait lui sacrifier aussi ma faiblesse et mon naturel timide. Il fallait avoir le courage et la force d'être vrai toujours, en toute occasion, et qu'il ne sortît jamais ni fiction ni fable d'une bouche et d'une plume qui s'étaient particulièrement consacrées à la vérité. Voilà ce que j'aurais dû me dire en prenant cette fière devise, et me répéter sans cesse tant que j'osai la porter. Jamais la fausseté ne dicta mes mensonges, ils sont tous venus de faiblesse, mais cela m'excuse très mal. Avec une âme faible on peut tout au plus se garantir du vice, mais c'est être arrogant et téméraire d'oser professer de grandes vertus.

Voilà des réflexions qui probablement ne me seraient jamais venues dans l'esprit si l'abbé Rozier ne me les eût suggérées. Il est bien tard, sans doute, pour en faire usage ; mais il n'est pas trop tard au moins pour redresser mon erreur et remettre ma volonté dans la règle : car c'est désormais tout ce qui dépend de moi. En ceci donc et en toutes choses semblables la maxime de Solon [1] est applicable à tous les âges, et il n'est jamais trop tard pour apprendre, même de ses ennemis, à être sage, vrai, modeste, et à moins présumer de soi.

---

1. Voir la première phrase de la troisième promenade.

De toutes les habitations où j'ai demeuré (et j'en ai eu de charmantes), aucune ne m'a rendu si véritablement heureux et ne m'a laissé de si tendres regrets que l'île de Saint-Pierre au milieu du lac de Bienne. Cette petite île qu'on appelle à Neuchâtel l'île de La Motte est bien peu connue, même en Suisse. Aucun voyageur, que je sache, n'en fait mention. Cependant elle est très agréable et singulièrement située pour le bonheur d'un homme qui aime à se circonscrire [1] ; car quoique je sois peut-être le seul au monde à qui sa destinée en ait fait une loi, je ne puis croire être le seul qui ait un goût si naturel, quoique je ne l'aie trouvé jusqu'ici chez nul autre.

Les rives du lac de Bienne sont plus sauvages et romantiques [2] que celles du lac de Genève, parce que les rochers et les bois y bordent l'eau de plus près ; mais elles ne sont

---

1. Se concentrer en lui-même. On comparera avec l'égotisme de Montaigne : « La grandeur de l'âme n'est pas tant tirer à mont et tirer avant [aller en haut et devant soi] comme savoir se ranger et circonscrire » (*Essais*, III, 13).
2. L'adjectif *romantique* est encore synonyme de *romanesque* dans le texte de Rousseau (voir plus loin les « romanesques rivages »), et s'applique à un paysage pittoresque et touchant, inspirant volontiers la mélancolie au contemplateur. Le mot *romantique* apparaît avec son sens propre dans les années 1776-1777 : « sans être farouche, ni sauvage, la situation *Romantique* doit être tranquille et solitaire, afin que l'âme n'y éprouve aucune distraction, et puisse s'y livrer tout entière à la douceur d'un sentiment profond », écrit le marquis de Girardin dans son traité *De la composition des paysages* (1777).

pas moins riantes. S'il y a moins de culture de champs et de vignes, moins de villes et de maisons, il y a aussi plus de verdure naturelle, plus de prairies, d'asiles ombragés de bocages, des contrastes plus fréquents et des accidents plus rapprochés. Comme il n'y a pas sur ces heureux bords de grandes routes commodes pour les voitures, le pays est peu fréquenté par les voyageurs ; mais qu'il est intéressant pour des contemplatifs solitaires qui aiment à s'enivrer à loisir des charmes de la nature, et à se recueillir dans un silence que ne trouble aucun autre bruit que le cri des aigles, le ramage entrecoupé de quelques oiseaux, et le roulement des torrents qui tombent de la montagne. Ce beau bassin d'une forme presque ronde enferme dans son milieu deux petites îles, l'une habitée et cultivée, d'environ une demi-lieue [1] de tour, l'autre plus petite, déserte et en friche, et qui sera détruite à la fin par les transports de la terre qu'on en ôte sans cesse pour réparer les dégâts que les vagues et les orages font à la grande. C'est ainsi que la substance du faible est toujours employée au profit du puissant.

Il n'y a dans l'île qu'une seule maison mais grande, agréable et commode, qui appartient à l'hôpital de Berne ainsi que l'île, et où loge un receveur avec sa famille et ses domestiques. Il y entretient une nombreuse basse-cour, une volière et des réservoirs pour le poisson. L'île dans sa petitesse est tellement variée dans ses terrains et ses aspects, qu'elle offre toutes sortes de sites et souffre toutes sortes de cultures. On y trouve des champs, des vignes, des bois, des vergers, de gras pâturages ombragés de bosquets et bordés d'arbrisseaux de toute espèce dont le bord des eaux entretient la fraîcheur ; une haute terrasse plantée de deux rangs d'arbres borde l'île dans sa longueur, et dans le milieu de cette terrasse on a bâti un joli salon [2] où les habitants des rives voisines se rassemblent et viennent danser les dimanches durant les vendanges.

C'est dans cette île que je me réfugiai après la lapida-

---

1. Deux kilomètres.
2. Au sens de « salon de treillage » : « Espèce de cabinet rond ou à pans couvert de verdure, dans un jardin » (Trévoux).

tion de Môtiers [1]. J'en trouvai le séjour si charmant, j'y menais une vie si convenable à mon humeur que, résolu d'y finir mes jours, je n'avais d'autre inquiétude sinon qu'on ne me laissât pas exécuter ce projet qui ne s'accordait pas avec celui de m'entraîner en Angleterre, dont je sentais déjà les premiers effets. Dans les pressentiments qui m'inquiétaient j'aurais voulu qu'on m'eût fait de cet asile une prison perpétuelle [2], qu'on m'y eût confiné pour toute ma vie, et qu'en m'ôtant toute puissance et tout espoir d'en sortir, on m'eût interdit toute espèce de communication avec la terre ferme de sorte qu'ignorant tout ce qui se faisait dans le monde j'en eusse oublié l'existence et qu'on y eût oublié la mienne aussi.

On ne m'a laissé passer guère que deux mois dans cette île, mais j'y aurais passé deux ans, deux siècles, et toute l'éternité sans m'y ennuyer un moment, quoique je n'y eusse, avec ma compagne, d'autre société que celle du receveur, de sa femme et de ses domestiques, qui tous étaient à la vérité de très bonnes gens et rien de plus, mais c'était précisément ce qu'il me fallait. Je compte ces deux mois pour le temps le plus heureux de ma vie et tellement heureux qu'il m'eût suffi durant toute mon existence sans laisser naître un seul instant dans mon âme le désir d'un autre état.

Quel était donc ce bonheur et en quoi consistait sa jouissance ? Je le donnerais à deviner [3] à tous les hommes de ce siècle sur la description de la vie que j'y menais. Le précieux *far niente* [4] fut la première et la principale de ces jouissances que je voulus savourer dans toute sa douceur, et tout ce que je fis durant mon séjour ne fut en effet que l'occupation délicieuse et nécessaire d'un homme qui s'est dévoué à l'oisiveté.

L'espoir qu'on ne demanderait pas mieux que de me laisser dans ce séjour isolé où je m'étais enlacé de moi-

---

1. Il arrive le 12 septembre 1765 sur l'île et en repart le 25 octobre, sous le coup d'un arrêté d'expulsion du gouvernement de Berne. Il y reste donc six semaines, et non deux mois, comme il l'affirme plus bas.
2. C'est la première solution qu'il propose aux autorités de Berne après avoir reçu l'ordre de quitter le pays.
3. Je les défierais de le deviner.
4. Ne rien faire (en italien).

même [1], dont il m'était impossible de sortir sans assistance et sans être bien aperçu, et où je ne pouvais avoir ni communication ni correspondance que par le concours des gens qui m'entouraient, cet espoir, dis-je, me donnait celui d'y finir mes jours plus tranquillement que je ne les avais passés, et l'idée que j'aurais le temps de m'y arranger tout à loisir fit que je commençai par n'y faire aucun arrangement. Transporté là brusquement seul et nu, j'y fis venir successivement ma gouvernante [2], mes livres et mon petit équipage, dont j'eus le plaisir de ne rien déballer, laissant mes caisses et mes malles comme elles étaient arrivées, et vivant dans l'habitation où je comptais achever mes jours comme dans une auberge dont j'aurais dû partir le lendemain. Toutes choses, telles qu'elles étaient, allaient si bien que vouloir les mieux ranger était y gâter quelque chose. Un de mes plus grands délices était surtout de laisser toujours mes livres bien encaissés et de n'avoir point d'écritoire. Quand de malheureuses lettres me forçaient de prendre la plume pour y répondre j'empruntais en murmurant l'écritoire du receveur, et je me hâtais de la rendre dans la vaine espérance de n'avoir plus besoin de la remprunter. Au lieu de ces tristes paperasses et de toute cette bouquinerie, j'emplissais ma chambre de fleurs et de foin ; car j'étais alors dans ma première ferveur de botanique, pour laquelle le docteur d'Ivernois m'avait inspiré un goût qui bientôt devint passion. Ne voulant plus d'œuvre de travail il m'en fallait une d'amusement qui me plût et qui ne me donnât de peine que celle qu'aime à prendre un paresseux. J'entrepris de faire la *Flora petrinsularis* [3] et de décrire toutes les plantes de l'île sans en omettre une seule, avec un détail suffisant pour m'occuper le reste de mes jours. On dit qu'un Allemand a fait un livre sur un zeste de citron, j'en aurais fait un sur chaque gramen [4] des prés, sur chaque mousse des bois, sur chaque lichen qui tapisse les rochers ; enfin je ne voulais pas laisser un poil d'herbe,

---

1. Je m'étais moi-même enfermé.
2. Thérèse Levasseur, sa compagne depuis 1749, qu'il a épousée civilement en 1768.
3. La flore de l'île Saint-Pierre.
4. Graine (en latin). C'est le nom générique des graminées.

pas un atome végétal qui ne fût amplement décrit. En
conséquence de ce beau projet, tous les matins après le
déjeuner [1], que nous faisions tous ensemble, j'allais une
loupe à la main et mon *Systema naturae* [2] sous le bras visiter un canton de l'île, que j'avais pour cet effet divisée en
petits carrés dans l'intention de les parcourir l'un après
l'autre en chaque saison. Rien n'est plus singulier que les
ravissements, les extases que j'éprouvais à chaque observation que je faisais sur la structure et l'organisation végétale, et sur le jeu des parties sexuelles dans la fructification, dont le système était alors tout à fait nouveau pour
moi. La distinction des caractères génériques, dont je
n'avais pas auparavant la moindre idée, m'enchantait en
les vérifiant sur les espèces communes, en attendant qu'il
s'en offrît à moi de plus rares. La fourchure des deux
longues étamines de la brunelle [3], le ressort de celles de
l'ortie et de la pariétaire [4], l'explosion du fruit de la bal-
samine [5] et de la capsule du buis, mille petits jeux de la
fructification que j'observais pour la première fois me
comblaient de joie, et j'allais demandant si l'on avait vu
les cornes de la brunelle, comme La Fontaine demandait
si l'on avait lu Habacuc [6]. Au bout de deux ou trois heures
je m'en revenais chargé d'une ample moisson, provision
d'amusement pour l'après-dînée [7] au logis, en cas de pluie.
J'employais le reste de la matinée à aller avec le receveur,
sa femme et Thérèse, visiter leurs ouvriers et leur récolte,
mettant le plus souvent la main à l'œuvre avec eux, et souvent des Bernois qui me venaient voir m'ont trouvé juché
sur de grands arbres, ceint d'un sac que je remplissais de

---

1. L'équivalent de notre petit déjeuner.
2. Ouvrage du naturaliste suédois Linné, publié en 1735.
3. Plante médicinale.
4. Autre plante médicinale ainsi nommée parce qu'elle croît sur les
murs (*paries*).
5. Plante servant à la composition de baumes (*balsamum*).
6. Anecdote rapportée dans les *Mémoires* (1747) de Louis Racine : son
père Jean avait donné à La Fontaine une Bible pour le distraire durant un
office ; il l'entendit s'exclamer peu après : « C'était un beau génie que
Baruch : qui était-il ? » La Fontaine venait de lire le « Livre de Baruch »
(écrit apocryphe de l'Ancien Testament). Rousseau cite de mémoire et
substitue le nom d'un autre prophète, Habacuc, à celui de Baruch.
7. L'après-midi.

fruits, et que je dévalais [1] ensuite à terre avec une corde.
L'exercice que j'avais fait dans la matinée et la bonne
humeur qui en est inséparable me rendaient le repos du
dîner très agréable ; mais quand il se prolongeait trop et
que le beau temps m'invitait, je ne pouvais si longtemps
attendre ; et pendant qu'on était encore à table, je m'es-
quivais et j'allais me jeter seul dans un bateau que je
conduisais au milieu du lac quand l'eau était calme, et là,
m'étendant tout de mon long dans le bateau les yeux tournés vers le ciel, je me laissais aller et dériver lentement
au gré de l'eau, quelquefois pendant plusieurs heures,
plongé dans mille rêveries confuses mais délicieuses, et
qui sans avoir aucun objet bien déterminé ni constant ne
laissaient pas d'être à mon gré cent fois préférables à tout
ce que j'avais trouvé de plus doux dans ce qu'on appelle
les plaisirs de la vie. Souvent averti par le baisser du soleil
de l'heure de la retraite [2] je me trouvais si loin de l'île que
j'étais forcé de travailler de toute ma force pour arriver
avant la nuit close. D'autres fois, au lieu de m'écarter en
pleine eau je me plaisais à côtoyer les verdoyantes rives
de l'île dont les limpides eaux et les ombrages frais m'ont
souvent engagé à m'y baigner. Mais une de mes naviga-
tions les plus fréquentes était d'aller de la grande à la petite
île, d'y débarquer et d'y passer l'après-dînée, tantôt à des
promenades très circonscrites au milieu des marceaux [3],
des bourdaines [4], des persicaires [5], des arbrisseaux de toute
espèce, et tantôt m'établissant au sommet d'un tertre
sablonneux couvert de gazon, de serpolet, de fleurs, même
d'esparcette [6] et de trèfles qu'on y avait vraisemblablement
semés autrefois, et très propre à loger des lapins qui pouvaient là multiplier en paix sans rien craindre et sans nuire
à rien. Je donnai cette idée au receveur qui fit venir de
Neuchâtel des lapins mâles et femelles, et nous allâmes en
grande pompe, sa femme, une de ses sœurs, Thérèse et

---

1. Faisais descendre.
2. Du retour.
3. Sorte de saule.
4. Arbrisseau portant des baies noires.
5. Plante aquatique.
6. Sainfoin.

moi, les établir dans la petite île, où ils commençaient à peupler avant mon départ et où ils auront prospéré sans doute s'ils ont pu soutenir la rigueur des hivers. La fondation de cette petite colonie fut une fête. Le pilote des Argonautes [1] n'était pas plus fier que moi menant en triomphe la compagnie et les lapins de la grande île à la petite, et je notais avec orgueil que la receveuse, qui redoutait l'eau à l'excès et s'y trouvait toujours mal, s'embarqua sous ma conduite avec confiance et ne montra nulle peur durant la traversée.

Quand le lac agité ne me permettait pas la navigation je passais mon après-midi à parcourir l'île en herborisant à droite et à gauche, m'asseyant tantôt dans les réduits [2] les plus riants et les plus solitaires pour y rêver à mon aise, tantôt sur les terrasses et les tertres, pour parcourir des yeux le superbe et ravissant coup d'œil du lac et de ses rivages couronnés d'un côté par des montagnes prochaines, et de l'autre élargis en riches et fertiles plaines dans lesquelles la vue s'étendait jusqu'aux montagnes bleuâtres plus éloignées qui la bornaient.

Quand le soir approchait je descendais des cimes de l'île et j'allais volontiers m'asseoir au bord du lac, sur la grève, dans quelque asile caché ; là le bruit des vagues et l'agitation de l'eau fixant mes sens et chassant de mon âme toute autre agitation la plongeaient dans une rêverie délicieuse où la nuit me surprenait souvent sans que je m'en fusse aperçu. Le flux et le reflux de cette eau, son bruit continu mais renflé [3] par intervalles frappant sans relâche mon oreille et mes yeux, suppléaient aux mouvements internes que la rêverie éteignait en moi et suffisaient pour me faire sentir avec plaisir mon existence, sans prendre la peine de penser. De temps à autre naissait quelque faible et courte réflexion sur l'instabilité des choses de ce monde dont la surface des eaux m'offrait l'image : mais bientôt ces impressions légères s'effaçaient dans l'uniformité du mou-

---

1. Héros grecs faisant partie de l'expédition menée par Jason en Colchide pour conquérir la Toison d'or, embarqués sur le vaisseau Argo (d'où le nom d'Argonautes).
2. Les recoins.
3. Augmentant.

vement continu qui me berçait, et qui sans aucun concours actif de mon âme ne laissait pas de m'attacher au point qu'appelé par l'heure et par le signal convenu je ne pouvais m'arracher de là sans effort.

Après le souper, quand la soirée était belle, nous allions encore tous ensemble faire quelque tour de promenade sur la terrasse pour y respirer l'air du lac et la fraîcheur. On se reposait dans le pavillon, on riait, on causait, on chantait quelque vieille chanson qui valait bien le tortillage moderne [1], et enfin l'on s'allait coucher content de sa journée et n'en désirant qu'une semblable pour le lendemain.

Telle est, laissant à part les visites imprévues et importunes, la manière dont j'ai passé mon temps dans cette île durant le séjour que j'y ai fait. Qu'on me dise à présent ce qu'il y a là d'assez attrayant pour exciter dans mon cœur des regrets si vifs, si tendres et si durables qu'au bout de quinze ans [2] il m'est impossible de songer à cette habitation chérie sans m'y sentir à chaque fois transporté encore par les élans du désir.

J'ai remarqué dans les vicissitudes d'une longue vie que les époques des plus douces jouissances et des plaisirs les plus vifs ne sont pourtant pas celles dont le souvenir m'attire et me touche le plus. Ces courts moments de délire et de passion, quelque vifs qu'ils puissent être ne sont cependant, et par leur vivacité même, que des points bien clairsemés dans la ligne de la vie. Ils sont trop rares et trop rapides pour constituer un état, et le bonheur que mon cœur regrette n'est point composé d'instants fugitifs mais un état simple et permanent, qui n'a rien de vif en lui-même, mais dont la durée accroît le charme au point d'y trouver enfin la suprême félicité.

Tout est dans un flux continuel sur la terre. Rien n'y garde une forme constante et arrêtée, et nos affections qui s'attachent aux choses extérieures passent et changent nécessairement comme elles. Toujours en avant ou en arrière de nous, elles rappellent le passé qui n'est plus ou préviennent l'avenir qui souvent ne doit point être : il n'y a rien là de solide à quoi le cœur se puisse attacher. Aussi

---

1. Allusion à la musique française jugée « entortillée » par Rousseau.
2. En fait, douze ans.

n'a-t-on guère ici-bas que du plaisir qui passe ; pour le bonheur qui dure je doute qu'il y soit connu. À peine est-il dans nos plus vives jouissances un instant où le cœur puisse véritablement nous dire : *Je voudrais que cet instant durât toujours* ; et comment peut-on appeler bonheur un état fugitif qui nous laisse encore le cœur inquiet et vide, qui nous fait regretter quelque chose avant, ou désirer encore quelque chose après ?

Mais s'il est un état où l'âme trouve une assiette assez solide pour s'y reposer tout entière et rassembler là tout son être, sans avoir besoin de rappeler le passé ni d'enjamber sur l'avenir ; où le temps ne soit rien pour elle, où le présent dure toujours sans néanmoins marquer sa durée et sans aucune trace de succession, sans aucun autre sentiment de privation ni de jouissance, de plaisir ni de peine, de désir ni de crainte que celui seul de notre existence, et que ce sentiment seul puisse la remplir tout entière ; tant que cet état dure celui qui s'y trouve peut s'appeler heureux, non d'un bonheur imparfait, pauvre et relatif, tel que celui qu'on trouve dans les plaisirs de la vie mais d'un bonheur suffisant, parfait et plein, qui ne laisse dans l'âme aucun vide qu'elle sente le besoin de remplir. Tel est l'état où je me suis trouvé souvent à l'île de Saint-Pierre dans mes rêveries solitaires, soit couché dans mon bateau que je laissais dériver au gré de l'eau, soit assis sur les rives du lac agité, soit ailleurs, au bord d'une belle rivière ou d'un ruisseau murmurant sur le gravier [1].

De quoi jouit-on dans une pareille situation ? De rien d'extérieur à soi, de rien sinon de soi-même et de sa propre existence, tant que cet état dure on se suffit à soi-même comme Dieu. Le sentiment de l'existence dépouillé de toute autre affection est par lui-même un sentiment précieux de contentement et de paix, qui suffirait seul pour rendre cette existence chère et douce à qui saurait écarter de soi toutes les impressions sensuelles et terrestres qui viennent sans cesse nous en distraire et en troubler ici-bas la douceur. Mais la plupart des hommes agités de passions continuelles connaissent peu cet état et, ne l'ayant goûté qu'imparfai-

---

1. Il n'y a ni rivière ni ruisseau sur l'île Saint-Pierre.

tement durant peu d'instants, n'en conservent qu'une idée obscure et confuse qui ne leur en fait pas sentir le charme. Il ne serait pas même bon, dans la présente constitution des choses, qu'avides de ces douces extases ils s'y dégoûtassent de la vie active dont leurs besoins toujours renaissants leur prescrivent le devoir. Mais un infortuné qu'on a retranché de la société humaine et qui ne peut plus rien faire ici-bas d'utile et de bon pour autrui ni pour soi, peut trouver dans cet état à toutes les félicités humaines des dédommagements que la fortune et les hommes ne lui sauraient ôter.

Il est vrai que ces dédommagements ne peuvent être sentis par toutes les âmes ni dans toutes les situations. Il faut que le cœur soit en paix et qu'aucune passion n'en vienne troubler le calme. Il y faut des dispositions de la part de celui qui les éprouve, il en faut dans le concours des objets environnants. Il n'y faut ni un repos absolu ni trop d'agitation, mais un mouvement uniforme et modéré qui n'ait ni secousses ni intervalles. Sans mouvement la vie n'est qu'une léthargie [1]. Si le mouvement est inégal ou trop fort il réveille ; en nous rappelant aux objets environnants, il détruit le charme de la rêverie, et nous arrache d'au-dedans de nous pour nous remettre à l'instant sous le joug de la fortune et des hommes et nous rendre au sentiment de nos malheurs. Un silence absolu porte à la tristesse. Il offre une image de la mort. Alors le secours d'une imagination riante est nécessaire et se présente assez naturellement à ceux que le ciel en a gratifiés. Le mouvement qui ne vient pas du dehors se fait alors au-dedans de nous. Le repos est moindre, il est vrai, mais il est aussi plus agréable quand de légères et douces idées, sans agiter le fond de l'âme, ne font pour ainsi dire qu'en effleurer la surface. Il n'en faut qu'assez pour se souvenir de soi-même en oubliant tous ses maux. Cette espèce de rêverie peut se goûter partout où l'on peut être tranquille, et j'ai souvent pensé qu'à la Bastille, et même dans un cachot où nul objet n'eût frappé ma vue, j'aurais encore pu rêver agréablement.

Mais il faut avouer que cela se faisait bien mieux et plus agréablement dans une île fertile et solitaire, naturellement

---

1. Une torpeur, un assoupissement profond.

circonscrite et séparée du reste du monde, où rien ne m'offrait que des images riantes, où rien ne me rappelait des souvenirs attristants, où la société du petit nombre d'habitants était liante et douce sans être intéressante au point de m'occuper incessamment ; où je pouvais enfin me livrer tout le jour sans obstacles et sans soins aux occupations de mon goût, ou à la plus molle oisiveté. L'occasion sans doute était belle pour un rêveur qui sachant se nourrir d'agréables chimères au milieu des objets les plus déplaisants, pouvait s'en rassasier à son aise en y faisant concourir tout ce qui frappait réellement ses sens. En sortant d'une longue et douce rêverie, en me voyant entouré de verdure, de fleurs, d'oiseaux, et laissant errer mes yeux au loin sur les romanesques rivages qui bordaient une vaste étendue d'eau claire et cristalline, j'assimilais à mes fictions tous ces aimables objets et me trouvant enfin ramené par degrés à moi-même et à ce qui m'entourait, je ne pouvais marquer le point de séparation des fictions aux réalités ; tant tout concourait également à me rendre chère la vie recueillie et solitaire que je menais dans ce beau séjour. Que ne peut-elle renaître encore ? que ne puis-je aller finir mes jours dans cette île chérie sans en ressortir jamais, ni jamais y revoir aucun habitant du continent qui me rappelât le souvenir des calamités de toute espèce qu'ils se plaisent à rassembler sur moi depuis tant d'années ? Ils seraient bientôt oubliés pour jamais ; sans doute ils ne m'oublieraient pas de même, mais que m'importerait, pourvu qu'ils n'eussent aucun accès pour y venir troubler mon repos ? Délivré de toutes les passions terrestres qu'engendre le tumulte de la vie sociale, mon âme s'élancerait fréquemment au-dessus de cette atmosphère, et commercerait d'avance avec les intelligences célestes dont elle espère aller augmenter le nombre dans peu de temps. Les hommes se garderont, je le sais, de me rendre un si doux asile où ils n'ont pas voulu me laisser. Mais ils ne m'empêcheront pas du moins de m'y transporter chaque jour sur les ailes de l'imagination, et d'y goûter durant quelques heures le même plaisir que si je l'habitais encore. Ce que j'y ferais de plus doux serait d'y rêver à mon aise. En rêvant que j'y suis ne fais-je pas la même chose ? Je fais même plus ; à l'attrait d'une rêverie abstraite et monotone je joins des images charmantes qui la vivifient. Leurs objets échappaient souvent à mes sens dans mes extases, et maintenant plus ma rêverie est profonde plus elle me les peint vivement. Je suis souvent plus au milieu d'eux et plus agréablement encore que quand j'y étais réellement. Le malheur est qu'à mesure que l'imagination s'attiédit cela vient avec plus de peine et ne dure pas si longtemps. Hélas, c'est quand on commence à quitter sa dépouille qu'on en est le plus offusqué [1]!

---

1. Encombré. *Offusquer* a le sens de « cacher les lumières de l'esprit » (Trévoux).

Nous n'avons guère de mouvement machinal dont nous ne pussions trouver la cause dans notre cœur, si nous savions bien l'y chercher. Hier, passant sur le nouveau boulevard [1] pour aller herboriser le long de la Bièvre [2] du côté de Gentilly, je fis le crochet à droite en approchant de la barrière d'Enfer [3], et m'écartant dans la campagne j'allai par la route de Fontainebleau gagner les hauteurs qui bordent cette petite rivière [4]. Cette marche était fort indifférente [5] en elle-même, mais en me rappelant que j'avais fait plusieurs fois machinalement le même détour, j'en recherchai la cause en moi-même, et je ne pus m'empêcher de rire quand je vins à la démêler.

Dans un coin du boulevard, à la sortie de la barrière d'Enfer, s'établit journellement en été une femme qui vend du fruit, de la tisane [6] et des petits pains. Cette femme a un petit garçon fort gentil mais boiteux, qui, clopinant [7] avec ses béquilles, s'en va d'assez bonne grâce demander l'au-

---

1. L'actuel boulevard Raspail.
2. Affluent de la Seine, aujourd'hui recouvert.
3. Cette barrière d'Enfer (Denfert) est située plus au nord que l'actuelle place Denfert-Rochereau.
4. La Bièvre forme à cette époque une petite vallée pittoresque, au sud-est de Paris.
5. Sans intérêt particulier.
6. « Potion rafraîchissante faite d'eau bouillie avec de l'orge et de la réglisse » (Trévoux).
7. Boitant.

mône aux passants. J'avais fait une espèce de connaissance avec ce petit bonhomme ; il ne manquait pas chaque fois que je passais de venir me faire son petit compliment, toujours suivi de ma petite offrande. Les premières fois je fus charmé de le voir, je lui donnais de très bon cœur, et je continuai quelque temps de le faire avec le même plaisir, y joignant même le plus souvent celui d'exciter et d'écouter son petit babil que je trouvais agréable. Ce plaisir devenu par degrés habitude se trouva je ne sais comment transformé dans une espèce de devoir dont je sentis bientôt la gêne, surtout à cause de la harangue préliminaire qu'il fallait écouter, et dans laquelle il ne manquait jamais de m'appeler souvent M. Rousseau pour montrer qu'il me connaissait bien, ce qui m'apprenait assez au contraire qu'il ne me connaissait pas plus que ceux qui l'avaient instruit. Dès lors je passai par là moins volontiers, et enfin je pris machinalement l'habitude de faire le plus souvent un détour quand j'approchais de cette traverse[1].

Voilà ce que je découvris en y réfléchissant, car rien de tout cela ne s'était offert jusqu'alors distinctement à ma pensée. Cette observation m'en a rappelé successivement des multitudes d'autres qui m'ont bien confirmé que les vrais et premiers motifs de la plupart de mes actions ne me sont pas aussi clairs à moi-même que je me l'étais longtemps figuré. Je sais et je sens que faire du bien est le plus vrai bonheur que le cœur humain puisse goûter ; mais il y a longtemps que ce bonheur a été mis hors de ma portée, et ce n'est pas dans un aussi misérable sort que le mien qu'on peut espérer de placer avec choix et avec fruit une seule action réellement bonne. Le plus grand soin de ceux qui règlent ma destinée ayant été que tout ne fût pour moi que fausse et trompeuse apparence, un motif de vertu n'est jamais qu'un leurre qu'on me présente pour m'attirer dans le piège où l'on veut m'enlacer. Je sais cela ; je sais que le seul bien qui soit désormais en ma puissance est de m'abstenir d'agir de peur de mal faire sans le vouloir et sans le savoir.

Mais il fut des temps plus heureux où, suivant les mouvements de mon cœur, je pouvais quelquefois rendre un

---

1. Barrière.

autre cœur content, et je me dois l'honorable témoignage que chaque fois que j'ai pu goûter ce plaisir je l'ai trouvé plus doux qu'aucun autre. Ce penchant fut vif, vrai, pur; et rien dans mon plus secret intérieur ne l'a jamais démenti. Cependant j'ai senti souvent le poids de mes propres bienfaits par la chaîne des devoirs qu'ils entraînaient à leur suite, alors le plaisir a disparu, et je n'ai plus trouvé dans la continuation des mêmes soins qui m'avaient d'abord charmé, qu'une gêne presque insupportable. Durant mes courtes prospérités beaucoup de gens recouraient à moi, et jamais dans tous les services que je pus leur rendre aucun d'eux ne fut éconduit. Mais de ces premiers bienfaits versés avec effusion de cœur naissaient des chaînes d'engagements successifs que je n'avais pas prévus et dont je ne pouvais plus secouer le joug. Mes premiers services n'étaient aux yeux de ceux qui les recevaient que les erres [1] de ceux qui les devaient suivre; et dès que quelque infortuné avait jeté sur moi le grappin d'un bienfait reçu, c'en était fait désormais, et ce premier bienfait libre et volontaire devenait un droit indéfini à tous ceux dont il pouvait avoir besoin dans la suite, sans que l'impuissance même suffît pour m'en affranchir. Voilà comment des jouissances très douces se transformaient pour moi dans la suite en d'onéreux assujettissements.

Ces chaînes cependant ne me parurent pas très pesantes tant qu'ignoré du public je vécus dans l'obscurité. Mais quand une fois ma personne fut affichée par mes écrits, faute grave sans doute, mais plus qu'expiée par mes malheurs, dès lors je devins le bureau général d'adresse de tous les souffreteux ou soi-disant tels, de tous les aventuriers qui cherchaient des dupes, de tous ceux qui sous prétexte du grand crédit qu'ils feignaient de m'attribuer voulaient s'emparer de moi de manière ou d'autre. C'est alors que j'eus lieu de connaître que tous les penchants de la nature sans excepter la bienfaisance elle-même, portés ou suivis dans la société sans prudence et sans choix, changent de nature et deviennent souvent aussi nuisibles qu'ils étaient utiles dans leur première direction. Tant de cruelles expé-

---

1. Archaïsme de Rousseau pour *arrhes*, c'est-à-dire acompte.

riences changèrent peu à peu mes premières dispositions, ou plutôt les renfermant enfin dans leurs véritables bornes, elles m'apprirent à suivre moins aveuglément mon penchant à bien faire, lorsqu'il ne servait qu'à favoriser la méchanceté d'autrui.

Mais je n'ai point regret à [1] ces mêmes expériences, puisqu'elles m'ont procuré par la réflexion de nouvelles lumières sur la connaissance de moi-même et sur les vrais motifs de ma conduite en mille circonstances sur lesquelles je me suis si souvent fait illusion. J'ai vu que pour bien faire avec plaisir il fallait que j'agisse librement, sans contrainte, et que pour m'ôter toute la douceur d'une bonne œuvre il suffisait qu'elle devînt un devoir pour moi. Dès lors le poids de l'obligation me fait un fardeau des plus douces jouissances et, comme je l'ai dit dans l'*Émile*, à ce que je crois [2], j'eusse été chez les Turcs un mauvais mari à l'heure où le cri public les appelle à remplir les devoirs de leur état.

Voilà ce qui modifie beaucoup l'opinion que j'eus longtemps de ma propre vertu ; car il n'y en a point à suivre ses penchants, et à se donner, quand ils nous y portent, le plaisir de bien faire. Mais elle consiste à les vaincre quand le devoir le commande, pour faire ce qu'il nous prescrit, et voilà ce que j'ai su moins faire qu'homme du monde. Né sensible et bon, portant la pitié jusqu'à la faiblesse, et me sentant exalter l'âme par tout ce qui tient à la générosité, je fus humain, bienfaisant, secourable, par goût, par passion même, tant qu'on n'intéressa que mon cœur ; j'eusse été le meilleur et le plus clément des hommes si j'en avais été le plus puissant, et pour éteindre en moi tout désir de vengeance il m'eût suffi de pouvoir me venger. J'aurais même été juste sans peine contre mon propre intérêt, mais contre celui des personnes qui m'étaient chères je n'aurais pu me résoudre à l'être. Dès que mon devoir et mon cœur étaient en contradiction le premier eut rarement la victoire, à moins qu'il ne fallût seulement que m'abstenir ; alors j'étais fort le plus souvent, mais agir contre mon penchant me fut toujours impossible. Que ce soient les hommes, le devoir, ou même

---

1. Je ne regrette point.
2. Non pas dans l'*Émile* mais dans les *Confessions*, à propos d'une demoiselle de la Visitation (séjour à Venise, V).

la nécessité qui commandent, quand mon cœur se tait, ma volonté reste sourde, et je ne saurais obéir. Je vois le mal qui me menace et je le laisse arriver plutôt que de m'agiter pour le prévenir. Je commence quelquefois avec effort, mais cet effort me lasse et m'épuise bien vite ; je ne saurais continuer. En toute chose imaginable ce que je ne fais pas avec plaisir m'est bientôt impossible à faire [1].

Il y a plus. La contrainte, d'accord [2] avec mon désir, suffit pour l'anéantir, et le changer en répugnance, en aversion même, pour peu qu'elle agisse trop fortement, et voilà ce qui me rend pénible la bonne œuvre qu'on exige et que je faisais de moi-même lorsqu'on ne l'exigeait pas. Un bienfait purement gratuit est certainement une œuvre que j'aime à faire. Mais quand celui qui l'a reçu s'en fait un titre pour en exiger la continuation sous peine de sa haine, quand il me fait une loi d'être à jamais son bienfaiteur pour avoir d'abord pris plaisir à l'être, dès lors la gêne commence et le plaisir s'évanouit. Ce que je fais alors quand je cède est faiblesse et mauvaise honte, mais la bonne volonté n'y est plus, et loin que je m'en applaudisse en moi-même, je me reproche en ma conscience de bien faire à contrecœur.

Je sais qu'il y a une espèce de contrat et même le plus saint de tous entre le bienfaiteur et l'obligé. C'est une sorte de société qu'ils forment l'un avec l'autre, plus étroite que celle qui unit les hommes en général, et si l'obligé s'engage tacitement à la reconnaissance, le bienfaiteur s'engage de même à conserver à l'autre, tant qu'il ne s'en rendra pas indigne, la même bonne volonté qu'il vient de lui témoigner, et à lui en renouveler les actes toutes les fois qu'il le pourra et qu'il en sera requis. Ce ne sont pas là des conditions expresses [3], mais ce sont des effets naturels de la relation qui vient de s'établir entre eux. Celui qui la première fois refuse un service gratuit qu'on lui demande ne donne aucun droit de se plaindre à celui qu'il a refusé [4] ; mais celui qui dans un cas semblable refuse au même la même grâce qu'il lui accorda ci-devant [5] frustre

---

1. Voir la carte et le premier dialogue.
2. En accord.
3. Explicites.
4. À qui il a refusé.
5. Précédemment.

une espérance qu'il l'a autorisé à concevoir; il trompe et dément une attente qu'il a fait naître. On sent dans ce refus je ne sais quoi d'injuste et de plus dur que dans l'autre; mais il n'en est pas moins l'effet d'une indépendance que le cœur aime, et à laquelle il ne renonce pas sans effort. Quand je paye une dette c'est un devoir que je remplis; quand je fais un don c'est un plaisir que je me donne. Or le plaisir de remplir ses devoirs est de ceux que la seule habitude de la vertu fait naître : ceux qui nous viennent immédiatement de la nature ne s'élèvent pas si haut que cela.

Après tant de tristes expériences j'ai appris à prévoir de loin les conséquences de mes premiers mouvements suivis, et je me suis souvent abstenu d'une bonne œuvre que j'avais le désir et le pouvoir de faire, effrayé de l'assujettissement auquel dans la suite je m'allais soumettre si je m'y livrais inconsidérément. Je n'ai pas toujours senti cette crainte, au contraire dans ma jeunesse je m'attachais par mes propres bienfaits, et j'ai souvent éprouvé de même que ceux que j'obligeais s'affectionnaient à moi par reconnaissance encore plus que par intérêt. Mais les choses ont bien changé de face à cet égard comme à tout autre aussitôt que mes malheurs ont commencé[1]. J'ai vécu dès lors dans une génération nouvelle qui ne ressemblait point à la première, et mes propres sentiments pour les autres ont souffert des changements que j'ai trouvés dans les leurs. Les mêmes gens que j'ai vus successivement dans ces deux générations si différentes se sont pour ainsi dire assimilés successivement à l'une et à l'autre. C'est ainsi que le comte des Charmettes, pour qui j'eus une si tendre estime et qui m'aimait si sincèrement, a fait ses parents évêques en devenant l'un des ouvriers des manœuvres choiseuliennes[2]; c'est ainsi que le bon abbé Palais[3], jadis mon obligé et mon ami, brave et honnête garçon dans sa jeunesse, s'est pro-

---

1. En 1757, après la brouille que provoque la *Lettre à d'Alembert sur les spectacles*.
2. Le comte des Charmettes (nom suggestif pour Rousseau), savoyard, aurait placé ses deux frères à la suite d'intrigues auprès du duc de Choiseul, ministre des Affaires étrangères de 1758 à 1770. Choiseul se montra apparemment peu sensible au compliment que lui adressa Rousseau dans *Du Contrat social* (voir *Les Confessions*, XI).
3. Amateur de musique, il fréquentait la société de Mme de Warens.

curé un établissement en France en devenant traître et faux à mon égard. C'est ainsi que l'abbé de Binis que j'avais pour sous-secrétaire à Venise, et qui me marqua toujours l'attachement et l'estime que ma conduite lui dut naturellement inspirer, changeant de langage et d'allure à propos pour son intérêt, a su gagner de bons bénéfices [1] aux dépens de sa conscience et de la vérité. Moultou [2] lui-même a changé du blanc au noir. De vrais, et francs qu'ils étaient d'abord, devenus ce qu'ils sont, ils ont fait comme tous les autres ; et par cela seul que les temps sont changés, les hommes ont changé comme eux. Eh ! comment pourrais-je garder les mêmes sentiments pour ceux en qui je trouve le contraire de ce qui les fit naître. Je ne les hais point, parce que je ne saurais haïr ; mais je ne puis me défendre du mépris qu'ils méritent ni m'abstenir de le leur témoigner.

Peut-être, sans m'en apercevoir, ai-je changé moi-même plus qu'il n'aurait fallu. Quel naturel résisterait sans s'altérer à une situation pareille à la mienne ? Convaincu par vingt ans d'expérience que tout ce que la nature a mis d'heureuses dispositions dans mon cœur est tourné par ma destinée et par ceux qui en disposent au préjudice de moi-même ou d'autrui, je ne puis plus regarder une bonne œuvre qu'on me présente à faire que comme un piège qu'on me tend et sous lequel est caché quelque mal. Je sais que, quel que soit l'effet de l'œuvre, je n'en aurai pas moins le mérite de ma bonne intention. Oui, ce mérite y est toujours sans doute, mais le charme intérieur n'y est plus, et sitôt que ce stimulant me manque, je ne sens qu'indifférence et glace au-dedans de moi, et sûr qu'au lieu de faire une action vraiment utile je ne fais qu'un acte de dupe, l'indignation de l'amour-propre jointe au désaveu de la raison ne m'inspire que répugnance et résistance, où [3] j'eusse été plein d'ardeur et de zèle dans mon état naturel.

Il est des sortes d'adversités qui élèvent et renforcent l'âme, mais il en est qui l'abattent et la tuent ; telle est celle dont je suis la proie. Pour peu qu'il y eût eu quelque mau-

---

1. Bénéfice ecclésiastique, c'est-à-dire le patrimoine attaché à une fonction religieuse dans le corps de l'Église.
2. Pasteur genevois, admirateur de Rousseau.
3. Là où.

vais levain dans la mienne elle l'eût fait fermenter à l'excès, elle m'eût rendu frénétique [1] ; mais elle ne m'a rendu que nul. Hors d'état de bien faire et pour moi-même et pour autrui, je m'abstiens d'agir ; et cet état, qui n'est innocent que parce qu'il est forcé, me fait trouver une sorte de douceur à me livrer pleinement sans reproche à mon penchant naturel. Je vais trop loin sans doute, puisque j'évite les occasions d'agir, même où je ne vois que du bien à faire. Mais certain qu'on ne me laisse pas voir les choses comme elles sont, je m'abstiens de juger sur les apparences qu'on leur donne, et de quelque leurre qu'on couvre les motifs d'agir, il suffit que ces motifs soient laissés à ma portée pour que je sois sûr qu'ils sont trompeurs.

Ma destinée semble avoir tendu dès mon enfance le premier piège qui m'a rendu longtemps si facile [2] à tomber dans tous les autres. Je suis né le plus confiant des hommes et durant quarante ans entiers jamais cette confiance ne fut trompée une seule fois. Tombé tout d'un coup dans un autre ordre de gens et de choses j'ai donné dans mille embûches sans jamais en apercevoir aucune, et vingt ans d'expérience ont à peine suffi pour m'éclairer sur mon sort. Une fois convaincu qu'il n'y a que mensonge et fausseté dans les démonstrations grimacières qu'on me prodigue, j'ai passé rapidement à l'autre extrémité : car quand on est une fois sorti de son naturel, il n'y a plus de bornes qui nous retiennent. Dès lors je me suis dégoûté des hommes, et ma volonté concourant avec la leur à cet égard me tient encore plus éloigné d'eux que ne font toutes leurs machines [3].

Ils ont beau faire : cette répugnance ne peut jamais aller jusqu'à l'aversion. En pensant à la dépendance où ils se sont mis de moi pour me tenir dans la leur ils me font une pitié réelle. Si je ne suis malheureux ils le sont eux-mêmes, et chaque fois que je rentre en moi je les trouve toujours à plaindre. L'orgueil peut-être se mêle encore à ces jugements, je me sens trop au-dessus d'eux pour les haïr. Ils peu-

---

1. « Frénésie : se dit fréquemment des troubles et égarements d'esprit causés par la violence des passions. On le dit aussi de la fureur poétique et de l'enthousiasme » (Trévoux).
2. Enclin.
3. Machinations.

vent m'intéresser tout au plus jusqu'au mépris, mais jamais jusqu'à la haine : enfin je m'aime trop moi-même pour pouvoir haïr qui que ce soit. Ce serait resserrer, comprimer mon existence, et je voudrais plutôt l'étendre sur tout l'univers.

J'aime mieux les fuir que les haïr. Leur aspect frappe mes sens, et par eux mon cœur d'impressions que mille regards cruels me rendent pénibles ; mais le malaise cesse aussitôt que l'objet qui le cause a disparu. Je m'occupe d'eux, et bien malgré moi par leur présence, mais jamais par leur souvenir. Quand je ne les vois plus, ils sont pour moi comme s'ils n'existaient point.

Ils ne me sont même indifférents qu'en ce qui se rapporte à moi ; car dans leurs rapports entre eux ils peuvent encore m'intéresser et m'émouvoir comme les personnages d'un drame que je verrais représenter. Il faudrait que mon être moral fût anéanti pour que la justice me devînt indifférente. Le spectacle de l'injustice et de la méchanceté me fait encore bouillir le sang de colère ; les actes de vertu où je ne vois ni forfanterie ni ostentation me font toujours tressaillir de joie et m'arrachent encore de douces larmes. Mais il faut que je les voie et les apprécie moi-même ; car après ma propre histoire il faudrait que je fusse insensé pour adopter sur quoi que ce fût le jugement des hommes, et pour croire aucune chose sur la foi d'autrui.

Si ma figure et mes traits étaient aussi parfaitement inconnus aux hommes que le sont mon caractère et mon naturel, je vivrais encore sans peine au milieu d'eux ; leur société même pourrait me plaire tant que je leur serais parfaitement étranger. Livré sans contrainte à mes inclinations naturelles, je les aimerais encore s'ils ne s'occupaient jamais de moi. J'exercerais sur eux une bienveillance universelle [1] et parfaitement désintéressée : mais sans former jamais d'attachement particulier, et sans porter le joug d'aucun devoir, je ferais envers eux librement et de moi-même, tout ce qu'ils ont tant de peine à faire incités par leur amour-propre et contraints par toutes leurs lois.

Si j'étais resté libre, obscur, isolé, comme j'étais fait pour l'être, je n'aurais fait que du bien : car je n'ai dans le cœur le

---

1. Générale.

germe d'aucune passion nuisible. Si j'eusse été invisible et tout-puissant comme Dieu, j'aurais été bienfaisant et bon comme lui. C'est la force et la liberté qui font les excellents hommes. La faiblesse et l'esclavage n'ont fait jamais que des méchants. Si j'eusse été possesseur de l'anneau de Gygès [1], il m'eût tiré de la dépendance des hommes et les eût mis dans la mienne. Je me suis souvent demandé, dans mes châteaux en Espagne, quel usage j'aurais fait de cet anneau ; car c'est bien là que la tentation d'abuser doit être près du pouvoir. Maître de contenter mes désirs, pouvant tout sans pouvoir être trompé par personne, qu'aurais-je pu désirer avec quelque suite ? Une seule chose : c'eût été de voir tous les cœurs contents. L'aspect de la félicité publique eût pu seul toucher mon cœur d'un sentiment permanent, et l'ardent désir d'y concourir eût été ma plus constante passion. Toujours juste sans partialité et toujours bon sans faiblesse, je me serais également garanti des méfiances aveugles et des haines implacables ; parce que, voyant les hommes tels qu'ils sont et lisant aisément au fond de leurs cœurs, j'en aurais pu trouver d'assez aimables pour mériter toutes mes affections, peu d'assez odieux pour mériter toute ma haine, et que leur méchanceté même m'eût disposé à les plaindre par la connaissance certaine du mal qu'ils se font à eux-mêmes en voulant en faire à autrui. Peut-être aurais-je eu dans des moments de gaieté l'enfantillage d'opérer quelquefois des prodiges : mais parfaitement désintéressé pour moi-même et n'ayant pour loi que mes inclinations naturelles, sur quelques actes de justice sévère j'en aurais fait mille de clémence et d'équité. Ministre de la Providence et dispensateur de ses lois selon mon pouvoir, j'aurais fait des miracles plus sages et plus utiles que ceux de la légende dorée [2] et du tombeau de Saint-Médar [3].

---

1. Un anneau qui rend son possesseur invisible aux yeux des humains.
2. La *Légende dorée* de Jacques de Voragine (1225 ?-1298) rapporte tous les miracles rattachés aux vies de saints. Les Lumières n'ont cessé de critiquer et de nier les miracles : Voltaire parodie la *Légende dorée* au début de *L'Ingénu* et polémique sur ces phénomènes dans l'article « Miracles » du *Dictionnaire philosophique*. Rousseau pour sa part démontre dans ses *Lettres écrites de la montagne* que les miracles de Jésus « ne sont pas un signe nécessaire à la foi » ni un « signe infaillible » (troisième lettre).
3. Le tombeau du diacre Pâris fut le lieu de miraculeuses guérisons dans les années 1730, se produisant après des convulsions – d'où le nom

Il n'y a qu'un seul point sur lequel la faculté de pénétrer partout invisible m'eût pu faire chercher des tentations auxquelles j'aurais mal résisté [1], et une fois entré dans ces voies d'égarement où n'eussé-je point été conduit par elles ? Ce serait bien mal connaître la nature et moi-même que de me flatter que ces facilités ne m'auraient point séduit, ou que la raison m'aurait arrêté dans cette fatale pente. Sûr de moi sur tout autre article, j'étais perdu par celui-là seul. Celui que sa puissance met au-dessus de l'homme doit être au-dessus des faiblesses de l'humanité, sans quoi cet excès de force ne servira qu'à le mettre en effet au-dessous des autres et de ce qu'il eût été lui-même s'il fût resté leur égal.

Tout bien considéré, je crois que je ferai mieux de jeter mon anneau magique avant qu'il m'ait fait faire quelque sottise. Si les hommes s'obstinent à me voir tout autre que je ne suis et que mon aspect irrite leur injustice, pour leur ôter cette vue il faut les fuir, mais non pas m'éclipser au milieu d'eux. C'est à eux de se cacher devant moi, de me dérober leurs manœuvres, de fuir la lumière du jour, de s'enfoncer en terre comme des taupes. Pour moi qu'ils me voient s'ils peuvent, tant mieux, mais cela leur est impossible ; ils ne verront jamais à ma place que le Jean-Jacques qu'ils se sont fait et qu'ils ont fait selon leur cœur, pour le haïr à leur aise [2]. J'aurais donc tort de m'affecter de la façon dont ils me voient : je n'y dois prendre aucun intérêt véritable, car ce n'est pas moi qu'ils voient ainsi.

Le résultat que je puis tirer de toutes ces réflexions est que je n'ai jamais été vraiment propre à la société civile où tout est gêne, obligation, devoir, et que mon naturel indépendant me rendit toujours incapable des assujettissements nécessaires à qui veut vivre avec les hommes. Tant que j'agis librement je suis bon et je ne fais que du bien ; mais sitôt que je sens le joug, soit de la nécessité soit des hommes, je deviens rebelle ou plutôt rétif, alors je suis

de *convulsionnaires* pour désigner les fanatiques qui fréquentaient ce cimetière.
1. Les tentations libertines.
2. C'est le thème directeur des trois dialogues *Rousseau juge de Jean-Jacques*.

nul[1]. Lorsqu'il faut faire le contraire de ma volonté, je ne le fais point, quoi qu'il arrive ; je ne fais pas non plus ma volonté même, parce que je suis faible. Je m'abstiens d'agir : car toute ma faiblesse est pour l'action, toute ma force est négative, et tous mes péchés sont d'omission, rarement de commission[2]. Je n'ai jamais cru que la liberté de l'homme consistât à faire ce qu'il veut, mais bien à ne jamais faire ce qu'il ne veut pas, et voilà celle que j'ai toujours réclamée, souvent conservée, et par qui j'ai été le plus en scandale à mes contemporains. Car pour eux, actifs, remuants, ambitieux, détestant la liberté dans les autres et n'en voulant point pour eux-mêmes, pourvu qu'ils fassent quelquefois leur volonté, ou plutôt qu'ils dominent celle d'autrui, ils se gênent toute leur vie à faire ce qui leur répugne et n'omettent rien de servile pour commander. Leur tort n'a donc pas été de m'écarter de la société comme un membre inutile, mais de m'en proscrire comme un membre pernicieux : car j'ai très peu fait de bien, je l'avoue, mais pour du mal, il n'en est entré dans ma volonté de ma vie, et je doute qu'il y ait aucun homme au monde qui en ait réellement moins fait que moi.

---

1. Incapable d'agir, de faire le bien.
2. Rousseau glose cette formule dans ses *Confessions* : « J'ai rarement fait ce qu'il ne fallait pas faire [péchés de commission], et malheureusement j'ai plus rarement encore fait ce qu'il fallait [péchés d'omission] » (X).

Septième promenade

Le recueil de mes longs rêves [1] est à peine commencé,
et déjà je sens qu'il touche à sa fin. Un autre amusement [2]
lui succède, m'absorbe, et m'ôte même le temps de rêver.
Je m'y livre avec un engouement qui tient de l'extrava-
gance et qui me fait rire moi-même quand j'y réfléchis ;
mais je ne m'y livre pas moins, parce que dans la situation
où me voilà, je n'ai plus d'autre règle de conduite que de
suivre en tout mon penchant sans contrainte. Je ne peux
rien à mon sort, je n'ai que des inclinations [3] innocentes,
et tous les jugements des hommes étant désormais nuls
pour moi, la sagesse même veut qu'en ce qui reste à ma
portée je fasse tout ce qui me flatte, soit en public soit à
part moi, sans autre règle que ma fantaisie, et sans autre
mesure que le peu de force qui m'est resté. Me voilà donc
à mon foin pour toute nourriture, et à la botanique pour
toute occupation. Déjà vieux j'en avais pris la première
teinture [4] en Suisse auprès du docteur d'Ivernois [5], et j'avais
herborisé assez heureusement durant mes voyages pour
prendre une connaissance passable du règne végétal. Mais

1. Le mot « rêves » prend ici le sens de « rêveries ». C'est dans cette
promenade que Rousseau définit plus précisément le sens du mot
rêverie.
2. L'herborisation.
3. Des penchants.
4. Connaissance superficielle.
5. Rousseau est initié à la botanique par le docteur d'Ivernois à Môtiers
en 1764 ; il a alors cinquante-deux ans.

devenu plus que sexagénaire et sédentaire à Paris, les forces commençant à me manquer pour les grandes herborisations, et d'ailleurs assez livré à ma copie de musique pour n'avoir pas besoin d'autre occupation, j'avais abandonné cet amusement qui ne m'était plus nécessaire ; j'avais vendu mon herbier, j'avais vendu mes livres, content de revoir quelquefois les plantes communes que je trouvais autour de Paris dans mes promenades. Durant cet intervalle, le peu que je savais s'est presque entièrement effacé de ma mémoire, et bien plus rapidement qu'il ne s'y était gravé.

Tout d'un coup, âgé de soixante-cinq ans passés [1], privé du peu de mémoire que j'avais et des forces qui me restaient pour courir la campagne, sans guide, sans livres, sans jardin, sans herbier, me voilà repris de cette folie, mais avec plus d'ardeur encore que je n'en eus en m'y livrant la première fois [2] ; me voilà sérieusement occupé du sage projet d'apprendre par cœur tout le *Regnum vegetabile* de Murray [3] et de connaître toutes les plantes connues sur la terre. Hors d'état de racheter des livres de botanique je me suis mis en devoir de transcrire ceux qu'on m'a prêtés, et résolu de refaire un herbier plus riche que le premier, en attendant que j'y mette toutes les plantes de la mer et des Alpes et de tous les arbres des Indes, je commence toujours à bon compte [4] par le mouron, le cerfeuil, la bourrache et le seneçon [5] ; j'herborise savamment sur la cage de mes oiseaux et à chaque nouveau brin d'herbe que je rencontre, je me dis avec satisfaction : voilà toujours une plante de plus.

Je ne cherche pas à justifier le parti que je prends de suivre cette fantaisie ; je la trouve très raisonnable, persuadé que dans la position où je suis me livrer aux amusements qui me flattent est une grande sagesse, et même grande vertu : c'est le moyen de ne laisser germer dans mon cœur

---

1. Il a eu soixante-cinq ans le 28 juin 1777.
2. C'est-à-dire en 1764 ; Rousseau recommence à herboriser à Paris en 1772-1773.
3. Le *Règne végétal* est le titre de l'introduction du livre de Linné, réédité par Murray en 1774.
4. Sans qu'il m'en coûte beaucoup.
5. Ce sont là les plantes les plus communes que puisse trouver Rousseau.

aucun levain[1] de vengeance ou de haine, et pour trouver encore dans ma destinée du goût à quelque amusement, il faut assurément avoir un naturel bien épuré de toutes passions irascibles[2]. C'est me venger de mes persécuteurs à ma manière, je ne saurais les punir plus cruellement que d'être heureux malgré eux.

Oui, sans doute, la raison me permet, me prescrit même de me livrer à tout penchant qui m'attire et que rien ne m'empêche de suivre ; mais elle ne m'apprend pas pourquoi ce penchant m'attire, et quel attrait je puis trouver à une vaine étude faite sans profit, sans progrès, et qui, vieux, radoteur, déjà caduc et pesant, sans facilité, sans mémoire, me ramène aux exercices de la jeunesse et aux leçons d'un écolier. Or c'est une bizarrerie que je voudrais m'expliquer ; il me semble que, bien éclaircie, elle pourrait jeter quelque nouveau jour sur cette connaissance de moi-même à l'acquisition de laquelle j'ai consacré mes derniers loisirs.

J'ai pensé quelquefois assez profondément ; mais rarement avec plaisir, presque toujours contre mon gré et comme par force : la rêverie me délasse et m'amuse, la réflexion me fatigue et m'attriste ; penser fut toujours pour moi une occupation pénible et sans charme. Quelquefois mes rêveries finissent par la méditation, mais plus souvent mes méditations finissent par la rêverie, et durant ces égarements mon âme erre et plane dans l'univers sur les ailes de l'imagination, dans des extases qui passent toute autre jouissance.

Tant que je goûtai celle-là dans toute sa pureté toute autre occupation me fut toujours insipide. Mais quand une fois, jeté dans la carrière littéraire par des impulsions étrangères, je sentis la fatigue du travail d'esprit et l'importunité d'une célébrité malheureuse, je sentis en même temps languir et s'attiédir mes douces rêveries, et bientôt forcé de m'occuper malgré moi de ma triste situation, je ne pus plus retrouver que bien rarement ces chères extases qui durant cinquante ans m'avaient tenu lieu de fortune et de gloire, et sans autre dépense que celle du temps, m'avaient rendu dans l'oisiveté le plus heureux des mortels.

---

1. Germe.
2. Qui poussent à la colère.

J'avais même à craindre dans mes rêveries que mon imagination effarouchée par mes malheurs ne tournât enfin de
ce côté son activité, et que le continuel sentiment de mes
peines me resserrant le cœur par degrés ne m'accablât enfin
de leur poids. Dans cet état, un instinct qui m'est naturel
me faisant fuir toute idée attristante imposa silence à mon
imagination, et fixant mon attention sur les objets qui
m'environnaient me fit pour la première fois détailler le
spectacle de la nature, que je n'avais guère contemplé jusqu'alors qu'en masse et dans son ensemble.

Les arbres, les arbrisseaux, les plantes sont la parure et
le vêtement de la terre. Rien n'est si triste que l'aspect
d'une campagne nue et pelée qui n'étale aux yeux que des
pierres, du limon et des sables. Mais vivifiée par la nature
et revêtue de sa robe de noces au milieu du cours des eaux
et du chant des oiseaux, la terre offre à l'homme dans l'harmonie des trois règnes un spectacle plein de vie, d'intérêt
et de charme, le seul spectacle au monde dont ses yeux et
son cœur ne se lassent jamais.

Plus un contemplateur a l'âme sensible plus il se livre
aux extases qu'excite en lui cet accord. Une rêverie douce
et profonde s'empare alors de ses sens, et il se perd avec une
délicieuse ivresse dans l'immensité de ce beau système avec
lequel il se sent identifié. Alors tous les objets particuliers
lui échappent ; il ne voit et ne sent rien que dans le tout. Il
faut que quelque circonstance particulière resserre ses idées
et circonscrive son imagination pour qu'il puisse observer
par parties cet univers qu'il s'efforçait d'embrasser.

C'est ce qui m'arriva naturellement quand mon cœur
resserré par la détresse rapprochait et concentrait tous ses
mouvements autour de lui pour conserver ce reste de chaleur prêt à s'évaporer et s'éteindre dans l'abattement où je
tombais par degrés. J'errais nonchalamment dans les bois
et dans les montagnes, n'osant penser de peur d'attiser mes
douleurs. Mon imagination qui se refuse aux objets de
peine laissait mes sens se livrer aux impressions légères
mais douces des objets environnants. Mes yeux se prome-
naient sans cesse de l'un à l'autre, et il n'était pas possible
que dans une variété si grande il ne s'en trouvât qui les
fixaient davantage et les arrêtaient plus longtemps.

Je pris goût à cette récréation des yeux, qui dans l'infortune repose, amuse, distrait l'esprit et suspend le sentiment des peines. La nature des objets aide beaucoup à cette diversion et la rend plus séduisante. Les odeurs suaves [1], les vives couleurs, les plus élégantes formes semblent se disputer à l'envi [2] le droit de fixer notre attention. Il ne faut qu'aimer le plaisir pour se livrer à des sensations si douces, et si cet effet n'a pas lieu sur tous ceux qui en sont frappés, c'est dans les uns faute de sensibilité naturelle, et dans la plupart que leur esprit, trop occupé d'autres idées, ne se livre qu'à la dérobée aux objets qui frappent leurs sens.

Une autre chose contribue encore à éloigner du règne végétal l'attention des gens de goût ; c'est l'habitude de ne chercher dans les plantes que des drogues et des remèdes. Théophraste [3] s'y était pris autrement, et l'on peut regarder ce philosophe comme le seul botaniste de l'Antiquité : aussi n'est-il presque point connu parmi nous ; mais grâce à un certain Dioscoride [4], grand compilateur de recettes, et à ses commentateurs, la médecine s'est tellement emparée des plantes transformées en simples [5] qu'on n'y voit que ce qu'on n'y voit point, savoir les prétendues vertus qu'il plaît au tiers et au quart [6] de leur attribuer. On ne conçoit pas que l'organisation végétale puisse par elle-même mériter quelque attention ; des gens qui passent leur vie à arranger savamment des coquilles [7] se moquent de la botanique comme d'une étude inutile quand on n'y joint pas, comme ils disent, celle des propriétés, c'est-à-dire quand on n'abandonne pas l'observation de la nature qui ne ment point et qui ne nous dit rien de tout cela, pour se livrer uniquement à l'autorité des hommes qui sont menteurs et qui nous affirment beaucoup de choses qu'il faut croire sur leur parole, fondée elle-même le plus souvent sur l'autorité

---

1. Douces.
2. À qui mieux mieux.
3. Philosophe grec du IIIe siècle av. J.-C. Disciple de Platon et d'Aristote, il a écrit des *Caractères* (traduits par La Bruyère) et une *Histoire des plantes*.
4. Médecin grec du Ier siècle après J.-C., auteur du traité *Sur la matière médicale*, où il décrit les vertus médicinales des plantes.
5. Plantes servant à composer des remèdes.
6. Au premier venu.
7. Des coquillages, des fossiles.

d'autrui. Arrêtez-vous dans une prairie émaillée [1] à examiner successivement les fleurs dont elle brille, ceux qui vous
verront faire, vous prenant pour un frater [2], vous deman-
deront des herbes, pour guérir la rogne [3] des enfants, la gale
des hommes ou la morve des chevaux. Ce dégoûtant préjugé est détruit en partie dans les autres pays et surtout en
Angleterre grâce à Linnæus [4] qui a un peu tiré la botanique
des écoles de pharmacie pour la rendre à l'histoire naturelle
et aux usages économiques ; mais en France où cette étude
a moins pénétré chez les gens du monde, on est resté sur
ce point tellement barbare qu'un bel esprit de Paris voyant
à Londres un jardin de curieux [5] plein d'arbres et de plantes
rares s'écria pour tout éloge : *Voilà un fort beau jardin
d'apothicaire !* À ce compte le premier apothicaire fut
Adam. Car il n'est pas aisé d'imaginer un jardin mieux
assorti de plantes que celui d'Éden.

Ces idées médicinales ne sont assurément guère propres
à rendre agréable l'étude de la botanique, elles flétrissent
l'émail des prés, l'éclat des fleurs, dessèchent la fraîcheur
des bocages, rendent la verdure et les ombrages insipides
et dégoûtants ; toutes ces structures charmantes et gra-
cieuses intéressent fort peu quiconque ne veut que piler tout
cela dans un mortier, et l'on n'ira pas chercher des guir-
landes pour les bergères parmi des herbes pour les lave-
ments [6].

Toute cette pharmacie ne souillait point mes images
champêtres ; rien n'en était plus éloigné que des tisanes et
des emplâtres [7]. J'ai souvent pensé en regardant de près les
champs, les vergers, les bois et leurs nombreux habitants,
que le règne végétal était un magasin d'aliments donnés par

1. Ornée de couleurs vives.
2. « Garçon chirurgien » (Trévoux).
3. La gale.
4. Carl von Linné (1707-1778), le grand botaniste suédois, auteur du *Systema Naturae* que cite Rousseau dans la cinquième promenade.
5. Amateurs de choses rares, collectionneurs « des merveilles de l'art et
de la nature » (Trévoux).
6. Liquide purgatif.
7. « Médicament de substance solide et glutineuse, composé de diverses
sortes de simples [plantes médicinales], et fait pour être appliqué exté-
rieurement » (Trévoux).

la nature à l'homme et aux animaux. Mais jamais il ne m'est venu à l'esprit d'y chercher des drogues et des remèdes. Je ne vois rien dans ses diverses productions qui m'indique un pareil usage, et elle nous aurait montré le choix si elle nous l'avait prescrit, comme elle a fait pour les comestibles. Je sens même que le plaisir que je prends à parcourir les bocages serait empoisonné par le sentiment des infirmités humaines s'il me laissait penser à la fièvre, à la pierre [1], à la goutte, et au mal caduc [2]. Du reste je ne disputerai point aux végétaux les grandes vertus qu'on leur attribue ; je dirai seulement qu'en supposant ces vertus réelles c'est malice pure aux malades de continuer à l'être ; car de tant de maladies que les hommes se donnent il n'y en a pas une seule dont vingt sortes d'herbes ne guérissent radicalement.

Ces tournures d'esprit qui rapportent toujours tout à notre intérêt matériel, qui font chercher partout du profit ou des remèdes, et qui feraient regarder avec indifférence toute la nature si l'on se portait toujours bien, n'ont jamais été les miennes. Je me sens là-dessus tout à rebours des autres hommes : tout ce qui tient au sentiment de mes besoins attriste et gâte mes pensées, et jamais je n'ai trouvé de vrai charme aux plaisirs de l'esprit qu'en perdant tout à fait de vue l'intérêt de mon corps. Ainsi quand même je croirais à la médecine, et quand même ses remèdes seraient agréables, je ne trouverais jamais à m'en occuper ces délices que donne une contemplation pure et désintéressée, et mon âme ne saurait s'exalter et planer sur la nature, tant que je la sens tenir aux liens de mon corps. D'ailleurs, sans avoir eu jamais grande confiance à la médecine j'en ai eu beaucoup à [3] des médecins que j'estimais, que j'aimais, et à qui je laissais gouverner ma carcasse avec pleine autorité [4]. Quinze ans d'expérience m'ont instruit à mes dépens ;

---

1. Le calcul.
2. Le haut mal ou l'épilepsie. « C'est une maladie qui fait tomber un homme, quand l'accès lui prend, et qui le tourmente cruellement » (Trévoux).
3. En.
4. Rousseau a consulté plusieurs médecins pour soigner sa maladie de la vessie ; il en dresse la liste au livre X des *Confessions* : Morand, Daran, Helvétius, Malouin, Thierry. Il faut y ajouter Tronchin qui devient son ennemi en 1763.

rentré maintenant sous les seules lois de la nature, j'ai repris par elle ma première santé. Quand les médecins n'auraient point contre moi d'autres griefs, qui pourrait s'étonner de leur haine ? Je suis la preuve vivante de la vanité de leur art et de l'inutilité de leurs soins [1].

Non, rien de personnel, rien qui tienne à l'intérêt de mon corps ne peut occuper vraiment mon âme. Je ne médite, je ne rêve jamais plus délicieusement que quand je m'oublie moi-même. Je sens des extases, des ravissements inexprimables à me fondre pour ainsi dire dans le système des êtres, à m'identifier avec la nature entière. Tant que les hommes furent mes frères, je me faisais des projets de félicité terrestre ; ces projets étant toujours relatifs au tout, je ne pouvais être heureux que de la félicité publique, et jamais l'idée d'un bonheur particulier n'a touché mon cœur que quand j'ai vu mes frères ne chercher le leur que dans ma misère. Alors pour ne les pas haïr il a bien fallu les fuir ; alors me réfugiant chez la mère commune j'ai cherché dans ses bras à me soustraire aux atteintes de ses enfants, je suis devenu solitaire, ou, comme ils disent, insociable et misanthrope, parce que la plus sauvage solitude me paraît préférable à la société des méchants, qui ne se nourrit que de trahisons et de haine.

Forcé de m'abstenir de penser, de peur de penser à mes malheurs malgré moi ; forcé de contenir les restes d'une imagination riante mais languissante, que tant d'angoisses pourraient effaroucher à la fin ; forcé de tâcher d'oublier les hommes, qui m'accablent d'ignominies et d'outrages, de peur que l'indignation ne m'aigrît enfin contre eux, je ne puis cependant me concentrer tout entier en moi-même, parce que mon âme expansive cherche malgré que j'en aie [2] à étendre ses sentiments et son existence sur d'autres êtres, et je ne puis plus comme autrefois me jeter tête baissée dans ce vaste océan de la nature, parce que mes facultés affaiblies et relâchées ne trouvent plus d'objets assez détermi-

---

1. On trouve chez Montaigne (malade de la pierre) le même préjugé hostile à l'égard des médecins : « Que les médecins excusent un peu ma liberté, car [...] j'ai reçu la haine et le mépris de leur doctrine » (*Essais*, II, 37, « De la ressemblance des enfants aux pères »).
2. Malgré moi.

nés, assez fixes, assez à ma portée pour s'y attacher fortement, et que je ne me sens plus assez de vigueur pour nager
dans le chaos de mes anciennes extases. Mes idées ne sont
presque plus que des sensations, et la sphère de mon entendement ne passe [1] pas les objets dont je suis immédiatement
entouré.

Fuyant les hommes, cherchant la solitude, n'imaginant
plus, pensant encore moins, et cependant doué d'un tempérament vif qui m'éloigne de l'apathie languissante et
mélancolique, je commençai de m'occuper de tout ce qui
m'entourait et par un instinct fort naturel je donnai la préférence aux objets les plus agréables. Le règne minéral n'a
rien en soi d'aimable et d'attrayant ; ses richesses enfer-
mées dans le sein de la terre semblent avoir été éloignées
des regards des hommes pour ne pas tenter leur cupidité.
Elles sont là comme en réserve pour servir un jour de supplément aux véritables richesses qui sont plus à sa portée
et dont il perd le goût à mesure qu'il se corrompt. Alors il
faut qu'il appelle l'industrie, la peine et le travail au secours
de ses misères ; il fouille les entrailles de la terre, il va chercher dans son centre aux risques de sa vie et aux dépens
de sa santé des biens imaginaires à la place des biens réels
qu'elle lui offrait d'elle-même quand il savait en jouir. Il
fuit le soleil et le jour qu'il n'est plus digne de voir ; il
s'enterre tout vivant et fait bien, ne méritant plus de vivre
à la lumière du jour. Là, des carrières, des gouffres, des
forges, des fourneaux, un appareil d'enclumes, de mar-
teaux, de fumée et de feu, succèdent aux douces images des
travaux champêtres. Les visages hâves des malheureux qui
languissent dans les infectes vapeurs des mines, de noirs
forgerons, de hideux cyclopes, sont le spectacle que
l'appareil des mines substitue, au sein de la terre, à celui
de la verdure et des fleurs, du ciel azuré, des bergers amoureux et des laboureurs robustes, sur sa surface [2].

Il est aisé, je l'avoue, d'aller ramassant du sable et des

---

1. Dépasse.
2. « Je ne jugeai pas à propos d'aller chercher des Dianes et des Sylvandres
chez un peuple de forgerons » (*Les Confessions*, IV), dit Rousseau en
apprenant que le Forez, pays de *L'Astrée* (roman pastoral dont les héros
sont des bergers amoureux) est un bassin minier.

pierres, d'en remplir ses poches et son cabinet et de se donner avec cela les airs d'un naturaliste : mais ceux qui
s'attachent et se bornent à ces sortes de collections sont
pour l'ordinaire de riches ignorants qui ne cherchent à cela
que le plaisir de l'étalage. Pour profiter dans l'étude des
minéraux, il faut être chimiste et physicien ; il faut faire des
expériences pénibles et coûteuses, travailler dans des labo-
ratoires, dépenser beaucoup d'argent et de temps parmi le
charbon, les creusets, les fourneaux, les cornues, dans la
fumée et les vapeurs étouffantes, toujours au risque de sa
vie et souvent aux dépens de sa santé. De tout ce triste et
fatigant travail résulte pour l'ordinaire beaucoup moins de
savoir que d'orgueil, et où est le plus médiocre chimiste qui
ne croie pas avoir pénétré toutes les grandes opérations de
la nature pour avoir trouvé par hasard peut-être quelques
petites combinaisons de l'art[1] ?

Le règne animal est plus à notre portée et certainement
mérite encore mieux d'être étudié. Mais enfin cette étude
n'a-t-elle pas aussi ses difficultés, ses embarras, ses dégoûts
et ses peines. Surtout pour un solitaire qui n'a, ni dans ses
jeux ni dans ses travaux, d'assistance à espérer de personne.
Comment observer, disséquer, étudier, connaître les
oiseaux dans les airs, les poissons dans les eaux, les qua-
drupèdes plus légers que le vent, plus forts que l'homme
et qui ne sont pas plus disposés à venir s'offrir à mes
recherches que moi de courir après eux pour les y soumettre
de force ? J'aurais donc pour ressource des escargots, des
vers, des mouches, et je passerais ma vie à me mettre hors
d'haleine pour courir après des papillons, à empaler de
pauvres insectes, à disséquer des souris quand j'en pourrais prendre ou les charognes des bêtes que par hasard je
trouverais mortes. L'étude des animaux n'est rien sans
l'anatomie ; c'est par elle qu'on apprend à les classer, à distinguer les genres, les espèces. Pour les étudier par leurs
mœurs, par leurs caractères, il faudrait avoir des volières,
des viviers, des ménageries ; il faudrait les contraindre en
quelque manière que ce pût être à rester rassemblés autour
de moi. Je n'ai ni le goût ni les moyens de les tenir en cap-

1. De la science.

tivité, ni l'agilité nécessaire pour les suivre dans leurs allures quand ils sont en liberté. Il faudra donc les étudier morts, les déchirer, les désosser, fouiller à loisir dans leurs entrailles palpitantes ! Quel appareil affreux qu'un amphithéâtre anatomique : des cadavres puants, de baveuses et livides chairs, du sang, des intestins dégoûtants, des squelettes affreux, des vapeurs pestilentielles ! Ce n'est pas là, sur ma parole, que Jean-Jacques ira chercher ses amusements.

Brillantes fleurs, émail des prés, ombrages frais, ruisseaux, bosquets, verdure, venez purifier mon imagination salie par tous ces hideux objets. Mon âme morte à tous les grands mouvements ne peut plus s'affecter [1] que par des objets sensibles ; je n'ai plus que des sensations, et ce n'est plus que par elles que la peine ou le plaisir peuvent m'atteindre ici-bas. Attiré par les riants objets qui m'entourent, je les considère, je les contemple, je les compare, j'apprends enfin à les classer, et me voilà tout d'un coup aussi botaniste qu'a besoin de l'être celui qui ne veut étudier la nature que pour trouver sans cesse de nouvelles raisons de l'aimer.

Je ne cherche point à m'instruire : il est trop tard. D'ailleurs je n'ai jamais vu que tant de science contribuât au bonheur de la vie. Mais je cherche à me donner des amusements doux et simples que je puisse goûter sans peine et qui me distraient de mes malheurs. Je n'ai ni dépense à faire ni peine à prendre pour errer nonchalamment d'herbe en herbe, de plante en plante, pour les examiner, pour comparer leurs divers caractères, pour marquer leurs rapports et leurs différences, enfin pour observer l'organisation végétale de manière à suivre la marche et le jeu de ces machines [2] vivantes, à chercher quelquefois avec succès leurs lois générales, la raison et la fin de leurs structures diverses, et à me livrer au charme de l'admiration reconnaissante pour la main qui me fait jouir de tout cela.

Les plantes semblent avoir été semées avec profusion sur la terre, comme les étoiles dans le ciel, pour inviter l'homme par l'attrait du plaisir et de la curiosité à l'étude

---

1. Être touchée.
2. Organismes.

de la nature ; mais les astres sont placés loin de nous ; il faut des connaissances préliminaires, des instruments, des machines, de bien longues échelles pour les atteindre et les rapprocher à notre portée. Les plantes y sont naturelle-ment. Elles naissent sous nos pieds, et dans nos mains pour ainsi dire, et si la petitesse de leurs parties essentielles les dérobe quelquefois à la simple vue, les instruments qui les y rendent sont d'un beaucoup plus facile usage que ceux de l'astronomie. La botanique est l'étude d'un oisif et paresseux solitaire : une pointe et une loupe sont tout l'appareil dont il a besoin pour les observer. Il se promène, il erre librement d'un objet à l'autre, il fait la revue de chaque fleur avec intérêt et curiosité, et sitôt qu'il com-mence à saisir les lois de leur structure il goûte à les obser-ver un plaisir sans peine aussi vif que s'il lui en coûtait beaucoup. Il y a dans cette oiseuse [1] occupation un charme qu'on ne sent que dans le plein calme des passions mais qui suffit seul alors pour rendre la vie heureuse et douce : mais sitôt qu'on y mêle un motif d'intérêt ou de vanité, soit pour remplir des places ou pour faire des livres, sitôt qu'on ne veut apprendre que pour instruire, qu'on n'herborise que pour devenir auteur ou professeur, tout ce doux charme s'évanouit, on ne voit plus dans les plantes que des instru-ments de nos passions, on ne trouve plus aucun vrai plai-sir dans leur étude, on ne veut plus savoir mais montrer qu'on sait, et dans les bois on n'est que sur le théâtre du monde, occupé du soin de s'y faire admirer ; ou bien se bor-nant à la botanique de cabinet et de jardin tout au plus, au lieu d'observer les végétaux dans la nature, on ne s'occupe que de systèmes et de méthodes ; matière éternelle de dis-pute qui ne fait pas connaître une plante de plus et ne jette aucune véritable lumière sur l'histoire naturelle et le règne végétal. De là les haines, les jalousies, que la concurrence de célébrité excite chez les botanistes auteurs autant et plus que chez les autres savants. En dénaturant cette aimable étude, ils la transplantent au milieu des villes et des aca-démies où elle ne dégénère pas moins que les plantes exo-tiques dans les jardins des curieux.

---

1. Inutile.

Des dispositions bien différentes ont fait pour moi de cette étude une espèce de passion qui remplit le vide de toutes celles que je n'ai plus. Je gravis les rochers, les montagnes, je m'enfonce dans les vallons, dans les bois, pour me dérober autant qu'il est possible au souvenir des hommes et aux atteintes des méchants. Il me semble que sous les ombrages d'une forêt je suis oublié, libre et paisible comme si je n'avais plus d'ennemis ou que le feuillage des bois dût me garantir de leurs atteintes, comme il les éloigne de mon souvenir, et je m'imagine dans ma bêtise qu'en ne pensant point à eux ils ne penseront point à moi. Je trouve une si grande douceur dans cette illusion que je m'y livrerais tout entier si ma situation, ma faiblesse et mes besoins me le permettaient. Plus la solitude où je vis alors est profonde, plus il faut que quelque objet en remplisse le vide, et ceux que mon imagination me refuse ou que ma mémoire repousse sont suppléés par les productions spontanées que la terre, non forcée par les hommes, offre à mes yeux de toutes parts. Le plaisir d'aller dans un désert chercher de nouvelles plantes couvre celui d'échapper à des persécuteurs ; et parvenu dans des lieux où je ne vois nulles traces d'hommes je respire plus à mon aise comme dans un asile où leur haine ne me poursuit plus.

Je me rappellerai toute ma vie une herborisation que je fis un jour du côté de la Robaila [1], montagne du justicier Clerc [2]. J'étais seul, je m'enfonçai dans les anfractuosités de la montagne, et de bois en bois, de roche en roche, je parvins à un réduit si caché que je n'ai vu de ma vie un aspect plus sauvage. De noirs sapins entremêlés de hêtres prodigieux, dont plusieurs tombés de vieillesse et entrelacés les uns dans les autres, fermaient ce réduit de barrières impénétrables ; quelques intervalles que laissait cette sombre enceinte n'offraient au-delà que des roches coupées à pic et d'horribles précipices que je n'osais regarder qu'en me couchant sur le ventre. Le duc, la chevêche et l'orfraie [3] faisaient entendre

---

1. Plateau du Jura, dans le canton de Neuchâtel.
2. Chirugien botaniste, justicier du Val-de-Travers, nommé Leclerc.
3. Noms de trois oiseaux de proie nocturnes. La chevêche est la chouette ; l'orfraie est l'autre nom du pygargue, souvent confondu avec l'effrai (sorte de chouette).

leurs cris dans les fentes de la montagne, quelques petits oiseaux rares mais familiers tempéraient cependant l'horreur de cette solitude. Là je trouvai la *Dentaire heptaphyllos* [1], le *ciclamen*, le *nidus avis* [2], le grand *lacerpitium* [3] et quelques autres plantes qui me charmèrent et m'amusèrent longtemps. Mais insensiblement dominé par la forte impression des objets, j'oubliai la botanique et les plantes, je m'assis sur des oreillers de *lycopodium* [4] et de mousses, et je me mis à rêver plus à mon aise en pensant que j'étais là dans un refuge ignoré de tout l'univers où les persécuteurs ne me déterreraient pas. Un mouvement d'orgueil se mêla bientôt à cette rêverie. Je me comparais à ces grands voyageurs qui découvrent une île déserte, et je me disais avec complaisance : sans doute je suis le premier mortel qui ait pénétré jusqu'ici ; je me regardais presque comme un autre Colomb. Tandis que je me pavanais dans cette idée, j'entendis peu loin de moi un certain cliquetis que je crus reconnaître ; j'écoute : le même bruit se répète et se multiplie. Surpris et curieux je me lève, je perce à travers un fourré de broussailles du côté d'où venait le bruit, et dans une combe [5] à vingt pas du lieu même où je croyais être parvenu le premier j'aperçois une manufacture de bas.

Je ne saurais exprimer l'agitation confuse et contradictoire que je sentis dans mon cœur à cette découverte. Mon premier mouvement fut un sentiment de joie de me retrouver parmi des humains où je m'étais cru totalement seul. Mais ce mouvement, plus rapide que l'éclair, fit bientôt place à un sentiment douloureux plus durable, comme ne pouvant dans les antres mêmes des Alpes échapper aux cruelles mains des hommes acharnés à me tourmenter. Car j'étais bien sûr qu'il n'y avait peut-être pas deux hommes dans cette fabrique qui ne fussent initiés dans le complot dont le prédicant [6] Montmollin s'était fait le chef [7], et qui

---

1. Plante poussant sous les conifères.
2. « Nid d'oiseau » : plante aux racines fibreuses, en forme de nid.
3. Laser.
4. Plante rampante appelée aussi « herbe aux massues ».
5. Un vallon.
6. Ministre du culte protestant.
7. Rousseau a accusé le pasteur de Môtiers d'avoir prêché contre lui et d'avoir provoqué la fameuse lapidation rappelée au début de la cinquième promenade.

tirait de plus loin ses premiers mobiles. Je me hâtai d'écarter cette triste idée et je finis par rire en moi-même, et de ma vanité puérile, et de la manière comique dont j'en avais été puni.

Mais en effet qui jamais eût dû s'attendre à trouver une manufacture dans un précipice. Il n'y a que la Suisse au monde qui présente ce mélange de la nature sauvage et de l'industrie humaine. La Suisse entière n'est pour ainsi dire qu'une grande ville, dont les rues larges et longues plus que celle de Saint-Antoine, sont semées de forêts, coupées de montagnes, et dont les maisons éparses et isolées ne communiquent entre elles que par des jardins anglais. Je me rappelai à ce sujet une autre herborisation que Du Peyrou, d'Escherny, le colonel Pury[1], le justicier Clerc et moi, avions faite il y avait quelque temps sur la montagne de Chasseron, du sommet de laquelle on découvre sept lacs[2]. On nous dit qu'il n'y avait qu'une seule maison sur cette montagne, et nous n'eussions sûrement pas deviné la profession de celui qui l'habitait, si l'on n'eût ajouté que c'était un libraire, et qui même faisait fort bien ses affaires dans le pays. Il me semble qu'un seul fait de cette espèce fait mieux connaître la Suisse que toutes les descriptions des voyageurs.

En voici un autre de même nature ou à peu près qui ne fait pas moins connaître un peuple fort différent. Durant mon séjour à Grenoble je faisais souvent de petites herborisations hors de la ville avec le sieur Bovier, avocat de ce pays-là; non pas qu'il aimât ni sût la botanique, mais parce que s'étant fait mon garde de la manche[3], il se faisait autant que la chose était possible une loi de ne pas me quitter d'un pas. Un jour nous nous promenions le long de l'Isère dans un lieu tout plein de saules épineux. Je vis sur ces arbrisseaux des fruits mûrs, j'eus la curiosité d'en goûter et leur trouvant une petite acidité très agréable, je me mis à man-

---

1. Trois amis de Jean-Jacques : Du Peyrou, négociant de Neuchâtel, sera l'éditeur des *Rêveries* ; le comte d'Escherny racontera cette promenade ; le colonel de Pury prit la défense de Rousseau contre Montmollin.
2. Les lacs de Neuchâtel, Bienne, Morat, Léman, Joux, Brenet et Saint-Point.
3. Garde de corps – qui devient ici l'empoisonneur passif de Jean-Jacques !

ger de ces grains pour me rafraîchir ; le sieur Bovier se
tenait à côté de moi sans m'imiter et sans rien dire. Un de
ses amis survint, qui me voyant picorer ces grains me dit :
« Eh ! monsieur, que faites-vous là ? Ignorez-vous que ce
fruit empoisonne ? – Ce fruit empoisonne ? m'écriai-je tout
surpris ! – Sans doute, reprit-il ; et tout le monde sait si bien
cela que personne dans le pays ne s'avise d'en goûter. »
Je regardai le sieur Bovier et je lui dis : « Pourquoi donc
ne m'avertissiez-vous pas ? – Ah, monsieur, me répondit-
il d'un ton respectueux, je n'osais pas prendre cette
liberté. » Je me mis à rire de cette humilité dauphinoise,
en discontinuant [1] néanmoins ma petite collation. J'étais
persuadé, comme je le suis encore, que toute production
naturelle agréable au goût ne peut être nuisible au corps
ou ne l'est du moins que par son excès. Cependant j'avoue
que je m'écoutai un peu tout le reste de la journée : mais
j'en fus quitte pour un peu d'inquiétude ; je soupai très bien,
dormis mieux, et me levai le matin en parfaite santé, après
avoir avalé la veille quinze ou vingt grains de ce terrible
hippophaé [2], qui empoisonne à très petite dose, à ce que
tout le monde me dit à Grenoble le lendemain. Cette aventure me parut si plaisante que je ne me la rappelle jamais
sans rire de la singulière discrétion de M. l'avocat Bovier [3].

Toutes mes courses de botanique, les diverses impressions du local [4] des objets qui m'ont frappé, les idées qu'il
m'a fait naître, les incidents qui s'y sont mêlés, tout cela
m'a laissé des impressions qui se renouvellent par l'aspect
des plantes herborisées dans ces mêmes lieux. Je ne rever-
rai plus ces beaux paysages, ces forêts, ces lacs, ces bosquets, ces rochers, ces montagnes, dont l'aspect a toujours
touché mon cœur : mais maintenant que je ne peux plus
courir ces heureuses contrées je n'ai qu'à ouvrir mon herbier et bientôt il m'y transporte. Les fragments des plantes
que j'y ai cueillies suffisent pour me rappeler tout ce

---

1. Interrompant.
2. Argousier.
3. Cet avocat de Grenoble a donné une toute autre version de l'épisode :
il raille les qualités de botaniste de Rousseau et conteste toute interven-
tion d'une tierce personne.
4. Lieu, endroit.

magnifique spectacle. Cet herbier est pour moi un journal d'herborisation qui me les fait recommencer avec un nouveau charme et produit l'effet d'une optique[1] qui les peindrait derechef à mes yeux.

C'est la chaîne des idées accessoires[2] qui m'attache à la botanique. Elle rassemble et rappelle à mon imagination toutes les idées qui la flattent davantage. Les prés, les eaux, les bois, la solitude, la paix surtout et le repos qu'on trouve au milieu de tout cela sont retracés par elle incessamment à ma mémoire. Elle me fait oublier les persécutions des hommes, leur haine, leurs mépris, leurs outrages, et tous les maux dont ils ont payé mon tendre et sincère attachement pour eux. Elle me transporte dans des habitations paisibles au milieu de gens simples et bons tels que ceux avec qui j'ai vécu jadis. Elle me rappelle et mon jeune âge et mes innocents plaisirs, elle m'en fait jouir derechef, et me rend heureux bien souvent encore au milieu du plus triste sort qu'ait subi jamais un mortel.

---

1. D'un appareil optique.
2. Des idées secondaires.

Huitième promenade

En méditant sur les dispositions de mon âme dans toutes les situations de ma vie, je suis extrêmement frappé de voir si peu de proportion entre les diverses combinaisons de ma destinée et les sentiments habituels de bien ou mal être dont elles m'ont affecté. Les divers intervalles de mes courtes prospérités ne m'ont laissé presque aucun souvenir agréable de la manière intime et permanente dont elles m'ont affecté et, au contraire, dans toutes les misères de ma vie je me sentais constamment rempli de sentiments tendres, touchants, délicieux, qui versant un baume salutaire sur les blessures de mon cœur navré semblaient en convertir la douleur en volupté, et dont l'aimable souvenir me revient seul, dégagé de celui des maux que j'éprouvais en même temps. Il me semble que j'ai plus goûté la douceur de l'existence, que j'ai réellement plus vécu quand mes sentiments resserrés, pour ainsi dire, autour de mon cœur par ma destinée, n'allaient point s'évaporant au-dehors sur tous les objets de l'estime des hommes, qui en méritent si peu par eux-mêmes, et qui font l'unique occupation des gens que l'on croit heureux. Quand tout était dans l'ordre autour de moi, quand j'étais content de tout ce qui m'entourait et de la sphère dans laquelle j'avais à vivre, je la remplissais de mes affections. Mon âme expansive s'étendait sur d'autres objets, et sans cesse attiré loin de moi par des goûts de mille espèces, par des attachements aimables qui sans cesse occupaient mon cœur, je m'oubliais en quelque façon moi-même, j'étais tout entier à ce qui m'était étranger et j'éprouvais dans la continuelle agitation de mon cœur toute la vicissitude des choses humaines. Cette vie orageuse ne me laissait ni paix au-dedans, ni repos au-dehors. Heureux en apparence, je n'avais pas un sentiment qui pût soutenir l'épreuve de la réflexion et dans lequel je pusse vraiment me complaire. Jamais je n'étais parfaitement content ni d'autrui ni de moi-même. Le tumulte du monde m'étourdissait, la solitude m'ennuyait, j'avais sans cesse besoin de changer de place et je n'étais bien nulle part. J'étais fêté pourtant, bien voulu [1], bien reçu, caressé [2] partout. Je n'avais pas un ennemi, pas un malveillant, pas un envieux. Comme on ne cherchait qu'à m'obliger j'avais souvent le plaisir d'obliger moi-même beaucoup de monde, et sans bien, sans emploi, sans fauteurs [3], sans grands talents bien développés ni bien connus, je jouissais des avantages attachés à tout cela, et je ne voyais personne dans aucun état dont le sort me parût préférable au mien. Que me manquait-il donc pour être heureux ; je l'ignore ; mais je sais que je ne l'étais pas.

Que me manque-t-il aujourd'hui pour être le plus infortuné des mortels ? Rien de tout ce que les hommes ont pu mettre du leur pour cela. Eh bien, dans cet état déplorable je ne changerais pas encore d'être et de destinée contre le plus fortuné d'entre eux, et j'aime encore mieux être moi dans toute ma misère que d'être aucun de ces gens-là dans toute leur prospérité. Réduit à moi seul, je me nourris, il est vrai, de ma propre substance, mais elle ne s'épuise pas et je me suffis à moi-même, quoique je rumine pour ainsi dire à vide et que mon imagination tarie et mes idées éteintes ne fournissent plus d'aliments à mon cœur. Mon âme offusquée [4], obstruée par mes organes, s'affaisse de jour en jour et sous le poids de ces lourdes masses n'a plus assez de vigueur pour s'élancer comme autrefois hors de sa vieille enveloppe.

---

1. Accueilli.
2. Flatté, cajolé.
3. Protecteurs. Le mot a un sens péjoratif au XVIIIᵉ siècle : « Fauteur : celui qui appuie et favorise une mauvaise opinion, un mauvais parti » (Trévoux).
4. Dérobée à la vue.

C'est à ce retour sur nous-mêmes que nous force l'adversité, et c'est peut-être là ce qui la rend le plus insupportable à la plupart des hommes. Pour moi qui ne trouve à me reprocher que des fautes, j'en accuse ma faiblesse et je me console ; car jamais mal prémédité n'approcha de mon cœur.

Cependant à moins d'être stupide comment contempler un moment ma situation sans la voir aussi horrible qu'ils l'ont rendue, et sans périr de douleur et de désespoir ? Loin de cela, moi le plus sensible des êtres, je la contemple et ne m'en émeus pas ; et sans combats, sans efforts sur moi-même, je me vois presque avec indifférence dans un état dont nul autre homme peut-être ne supporterait l'aspect sans effroi.

Comment en suis-je venu là ? car j'étais bien loin de cette disposition paisible au premier soupçon du complot dont j'étais enlacé [1] depuis longtemps sans m'en être aucunement aperçu. Cette découverte nouvelle me bouleversa. L'infamie et la trahison me surprirent au dépourvu. Quelle âme honnête est préparée à de tels genres de peines, il faudrait les mériter pour les prévoir. Je tombai dans tous les pièges qu'on creusa sous mes pas, l'indignation, la fureur, le délire, s'emparèrent de moi, je perdis la tramontane [2], ma tête se bouleversa, et dans les ténèbres horribles où l'on n'a cessé de me tenir plongé, je n'aperçus plus ni lueur pour me conduire, ni appui ni prise où je pusse me tenir ferme et résister au désespoir qui m'entraînait.

Comment vivre heureux et tranquille dans cet état affreux ? J'y suis pourtant encore et plus enfoncé que jamais, et j'y ai retrouvé le calme et la paix, et j'y vis heureux et tranquille, et j'y ris des incroyables tourments que mes persécuteurs se donnent en vain sans cesse, tandis que je reste en paix, occupé de fleurs, d'étamines et d'enfantillages, et que je ne songe pas même à eux.

Comment s'est fait ce passage ? Naturellement, insensiblement et sans peine. La première surprise fut épouvantable. Moi qui me sentais digne d'amour et d'estime, moi qui me croyais honoré, chéri comme je méritais de l'être,

---

1. Embarrassé, surpris.
2. Je perdis la tête.

je me vis travesti tout d'un coup en un monstre affreux tel qu'il n'en exista jamais. Je vois toute une génération se précipiter tout entière dans cette étrange opinion, sans explication, sans doute, sans honte, et sans que je puisse au moins parvenir à savoir jamais la cause de cette étrange révolution. Je me débattis avec violence et ne fis que mieux m'enlacer. Je voulus forcer mes persécuteurs à s'expliquer avec moi ; ils n'avaient garde. Après m'être longtemps tourmenté sans succès, il fallut bien prendre haleine. Cependant j'espérais toujours ; je me disais : un aveuglement si stupide, une si absurde prévention, ne saurait gagner tout le genre humain. Il y a des hommes de sens qui ne partagent pas ce délire ; il y a des âmes justes qui détestent la fourberie et les traîtres. Cherchons, je trouverai peut-être enfin un homme ; si je le trouve, ils sont confondus. J'ai cherché vainement, je ne l'ai point trouvé. La ligue [1] est universelle, sans exception, sans retour, et je suis sûr d'achever mes jours dans cette affreuse proscription [2], sans jamais en pénétrer le mystère.

C'est dans cet état déplorable qu'après de longues angoisses, au lieu du désespoir qui semblait devoir être enfin mon partage, j'ai retrouvé la sérénité, la tranquillité, la paix, le bonheur même, puisque chaque jour de ma vie me rappelle avec plaisir celui de la veille, et que je n'en désire point d'autre pour le lendemain.

D'où vient cette différence ? D'une seule chose. C'est que j'ai appris à porter [3] le joug de la nécessité sans murmure [4]. C'est que je m'efforçai de tenir encore à mille choses et que toutes ces prises m'ayant successivement échappé, réduit à moi seul j'ai repris enfin mon assiette [5]. Pressé de tous côtés, je demeure en équilibre parce que ne m'attachant plus à rien je ne m'appuie que sur moi.

Quand je m'élevais avec tant d'ardeur contre l'opinion,

---

1. Le complot.
2. Mise hors la loi.
3. Supporter.
4. Telle est l'éducation qu'il donne à Émile : « qu'il sente de bonne heure sur sa tête altière le dur joug de la nécessité, sous lequel il faut que tout être fini ploie ; qu'il voie cette nécessité dans les choses, jamais dans le caprice des hommes » (*Émile*, II, p. 109).
5. Position stable, équilibre.

je portais encore son joug sans que je m'en aperçusse. On veut être estimé des gens qu'on estime et tant que je pus juger avantageusement des hommes ou du moins de quelques hommes, les jugements qu'ils portaient de moi ne pouvaient m'être indifférents. Je voyais que souvent les jugements du public sont équitables ; mais je ne voyais pas que cette équité même était l'effet du hasard, que les règles sur lesquelles les hommes fondent leurs opinions ne sont tirées que de leurs passions ou de leurs préjugés qui en sont l'ouvrage, et que lors même qu'ils jugent bien, souvent encore ces bons jugements naissent d'un mauvais principe, comme lorsqu'ils feignent d'honorer en quelque succès le mérite d'un homme non par esprit de justice mais pour se donner un air impartial en calomniant tout à leur aise le même homme sur d'autres points.

Mais quand, après de longues et vaines recherches, je les vis tous rester sans exception dans le plus inique [1] et absurde système qu'un esprit infernal pût inventer ; quand je vis qu'à mon égard la raison était bannie de toutes les têtes et l'équité de tous les cœurs ; quand je vis une génération frénétique se livrer tout entière à l'aveugle fureur de ses guides contre un infortuné qui jamais ne fit, ne voulut, ne rendit de mal à personne ; quand après avoir vainement cherché un homme il fallut éteindre enfin ma lanterne et m'écrier : il n'y en a plus ; alors je commençai à me voir seul sur la terre, et je compris que mes contemporains n'étaient par rapport à moi que des êtres mécaniques [2] qui n'agissaient que par impulsion et dont je ne pouvais calculer l'action que par les lois du mouvement. Quelque intention, quelque passion que j'eusse pu supposer dans leurs âmes, elles n'auraient jamais expliqué leur conduite à mon égard d'une façon que je pusse entendre. C'est ainsi que leurs dispositions intérieures cessèrent d'être quelque chose pour moi ; je ne vis plus en eux que des masses différemment mues, dépourvues à mon égard de toute moralité.

Dans tous les maux qui nous arrivent, nous regardons plus à l'intention qu'à l'effet. Une tuile qui tombe d'un toit peut nous blesser davantage mais ne nous navre pas tant

---

1. Injuste à l'excès.
2. Sans âme.

qu'une pierre lancée à dessein par une main malveillante. Le coup porte à faux quelquefois mais l'intention ne manque jamais son atteinte. La douleur matérielle est ce qu'on sent le moins dans les atteintes de la fortune, et quand les infortunés ne savent à qui s'en prendre de leurs malheurs ils s'en prennent à la destinée qu'ils personnifient et à laquelle ils prêtent des yeux et une intelligence pour les tourmenter à dessein. C'est ainsi qu'un joueur dépité par ses pertes se met en fureur sans savoir contre qui. Il imagine un sort qui s'acharne à dessein sur lui pour le tourmenter, et trouvant un aliment à sa colère, il s'anime et s'enflamme contre l'ennemi qu'il s'est créé. L'homme sage, qui ne voit dans tous les malheurs qui lui arrivent que les coups de l'aveugle nécessité, n'a point ces agitations insensées ; il crie dans sa douleur mais sans emportement, sans colère ; il ne sent du mal dont il est la proie que l'atteinte matérielle, et les coups qu'il reçoit ont beau blesser sa personne, pas un n'arrive jusqu'à son cœur.

C'est beaucoup d'en être venu là mais ce n'est pas tout si l'on s'arrête. C'est bien avoir coupé le mal mais c'est avoir laissé la racine. Car cette racine n'est pas dans les êtres qui nous sont étrangers, elle est en nous-mêmes et c'est là qu'il faut travailler pour l'arracher tout à fait. Voilà ce que je sentis parfaitement dès que je commençai à revenir à moi. Ma raison ne me montrant qu'absurdité dans toutes les explications que je cherchais à donner à ce qui m'arrive, je compris que les causes, les instruments, les moyens de tout cela m'étant inconnus et inexplicables, devaient être nuls pour moi. Que je devais regarder tous les détails de ma destinée comme autant d'actes d'une pure fatalité où je ne devais supposer ni direction, ni intention, ni cause morale ; qu'il fallait m'y soumettre sans raisonner et sans regimber parce que cela serait inutile ; que tout ce que j'avais à faire encore sur la terre étant de m'y regarder comme un être purement passif, je ne devais point user à résister inutilement à ma destinée la force qui me restait pour la supporter. Voilà ce que je me disais. Ma raison, mon cœur y acquiesçaient et néanmoins je sentais ce cœur murmurer encore. D'où venait ce murmure ? Je le cherchai, je le trouvai ; il venait de l'amour-propre qui après s'être indigné contre les hommes se soulevait encore contre la raison.

Cette découverte n'était pas si facile à faire qu'on pourrait croire, car un innocent persécuté prend longtemps pour un pur amour de la justice l'orgueil de son petit individu. Mais aussi la véritable source une fois bien connue est facile à tarir ou du moins à détourner. L'estime de soi-même est le plus grand mobile des âmes fières ; l'amour-propre, fertile en illusions, se déguise et se fait prendre pour cette estime ; mais quand la fraude enfin se découvre et que l'amour-propre ne peut plus se cacher, dès lors il n'est plus à craindre et quoiqu'on l'étouffe avec peine on le subjugue au moins aisément.

Je n'eus jamais beaucoup de pente à l'amour-propre ; mais cette passion factice [1] s'était exaltée en moi dans le monde, et surtout quand je fus auteur ; j'en avais peut-être encore moins qu'un autre mais j'en avais prodigieusement. Les terribles leçons que j'ai reçues l'ont bientôt renfermé dans ses premières bornes ; il commença par se révolter contre l'injustice mais il a fini par la dédaigner. En se repliant sur mon âme et en coupant les relations extérieures qui le rendent exigeant, en renonçant aux comparaisons et aux préférences, il s'est contenté que je fusse bon pour moi ; alors redevenant amour de moi-même il est rentré dans l'ordre de la nature et m'a délivré du joug de l'opinion.

Dès lors j'ai retrouvé la paix de l'âme et presque la félicité. Dans quelque situation qu'on se trouve ce n'est que par lui [2] qu'on est constamment malheureux. Quand il se tait et que la raison parle elle nous console enfin de tous les maux qu'il n'a pas dépendu de nous d'éviter. Elle les anéantit même autant qu'ils n'agissent pas immédiatement sur nous, car on est sûr alors d'éviter leurs plus poignantes atteintes en cessant de s'en occuper. Ils ne sont rien pour celui qui n'y pense pas. Les offenses, les vengeances, les passe-droits, les outrages, les injustices, ne sont rien pour celui qui ne voit dans les maux qu'il endure que le mal même et non pas l'intention, pour celui dont la place ne dépend pas dans sa propre estime de celle qu'il plaît aux autres de lui accorder. De quelque façon que les hommes veuillent me voir, ils ne sauraient changer mon être, et mal-

---

1. Artificielle.
2. L'amour-propre.

gré leur puissance et malgré toutes leurs sourdes intrigues, je continuerai, quoi qu'ils fassent, d'être en dépit d'eux ce que je suis. Il est vrai que leurs dispositions à mon égard influent sur ma situation réelle, la barrière qu'ils ont mise entre eux et moi m'ôte toute ressource de subsistance et d'assistance dans ma vieillesse et mes besoins. Elle me rend l'argent même inutile, puisqu'il ne peut me procurer les services qui me sont nécessaires, il n'y a plus ni commerce ni secours réciproques, ni correspondance entre eux et moi. Seul au milieu d'eux, je n'ai que moi seul pour ressource, et cette ressource est bien faible à mon âge et dans l'état où je suis. Ces maux sont grands, mais ils ont perdu pour moi toute leur force depuis que j'ai su les supporter sans m'en irriter. Les points où le vrai besoin se fait sentir sont toujours rares. La prévoyance et l'imagination les multiplient, et c'est par cette continuité de sentiments qu'on s'inquiète et qu'on se rend malheureux. Pour moi j'ai beau savoir que je souffrirai demain, il me suffit de ne pas souffrir aujourd'hui pour être tranquille. Je ne m'affecte point du mal que je prévois mais seulement de celui que je sens, et cela le réduit à très peu de chose. Seul, malade et délaissé dans mon lit, j'y peux mourir d'indigence, de froid et de faim, sans que personne s'en mette en peine. Mais qu'importe si je ne m'en mets pas en peine moi-même et si je m'affecte aussi peu que les autres de mon destin quel qu'il soit ? N'est-ce rien, surtout à mon âge, que d'avoir appris à voir la vie et la mort, la maladie et la santé, la richesse et la misère, la gloire et la diffamation avec la même indifférence. Tous les autres vieillards s'inquiètent de tout ; moi je ne m'inquiète de rien, quoi qu'il puisse arriver tout m'est indifférent, et cette indifférence n'est pas l'ouvrage de ma sagesse, elle est celui de mes ennemis. Apprenons à prendre donc ces avantages en compensation des maux qu'ils me font. En me rendant insensible à l'adversité ils m'ont fait plus de bien que s'ils m'eussent épargné ses atteintes. En ne l'éprouvant pas je pourrais toujours la craindre, au lieu qu'en la subjuguant [1] je ne la crains plus.

Cette disposition me livre, au milieu des traverses de ma

---

1. En la surmontant.

vie, à l'incurie de mon naturel [1] presque aussi pleinement que si je vivais dans la plus complète prospérité. Hors les courts moments où je suis rappelé par la présence des objets aux plus douloureuses inquiétudes. Tout le reste du temps, livré par mes penchants aux affections qui m'attirent, mon cœur se nourrit encore des sentiments pour lesquels il était né, et j'en jouis avec des êtres imaginaires qui les produisent et qui les partagent comme si ces êtres existaient réellement. Ils existent pour moi qui les ai créés et je ne crains ni qu'ils me trahissent ni qu'ils m'abandonnent. Ils dureront autant que mes malheurs mêmes et suffiront pour me les faire oublier.

Tout me ramène à la vie heureuse et douce pour laquelle j'étais né. Je passe les trois quarts de ma vie, ou occupé d'objets instructifs et même agréables auxquels je livre avec délices mon esprit et mes sens, ou avec les enfants de mes fantaisies que j'ai créés selon mon cœur et dont le commerce en nourrit les sentiments, ou avec moi seul, content de moi-même et déjà plein du bonheur que je sens m'être dû. En tout ceci l'amour de moi-même fait toute l'œuvre, l'amour-propre n'y entre pour rien. Il n'en est pas ainsi des tristes moments que je passe encore au milieu des hommes, jouet de leurs caresses traîtresses, de leurs compliments ampoulés et dérisoires, de leur mielleuse malignité. De quelque façon que je m'y sois pu prendre l'amour-propre alors fait son jeu. La haine et l'animosité que je vois dans leurs cœurs à travers cette grossière enveloppe déchirent le mien de douleur ; et l'idée d'être ainsi sottement pris pour dupe ajoute encore à cette douleur un dépit très puéril, fruit d'un sot amour-propre dont je sens toute la bêtise mais que je ne puis subjuguer. Les efforts que j'ai faits pour m'aguerrir à ces regards insultants et moqueurs sont incroyables. Cent fois j'ai passé par les promenades publiques et par les lieux les plus fréquentés dans l'unique dessein de m'exercer à ces cruelles bourdes [2] ; non seulement je n'y ai pu parvenir mais je n'ai même rien avancé, et tous mes pénibles mais vains efforts m'ont laissé tout aussi facile à troubler, à navrer, à indigner qu'auparavant.

---

1. À mon caractère insouciant.
2. Calomnies. « Mensonge dont on se sert pour s'excuser, ou pour se divertir de la crédulité des autres » (Trévoux).

Dominé par mes sens quoi que je puisse faire, je n'ai jamais su résister à leurs impressions, et tant que l'objet agit sur eux mon cœur ne cesse d'en être affecté ; mais ces affections passagères ne durent qu'autant que la sensation qui les cause. La présence de l'homme haineux m'affecte violemment, mais sitôt qu'il disparaît l'impression cesse ; à l'instant que je ne le vois plus je n'y pense plus. J'ai beau savoir qu'il va s'occuper de moi, je ne saurais m'occuper de lui. Le mal que je ne sens point actuellement ne m'affecte en aucune sorte, le persécuteur que je ne vois point est nul pour moi. Je sens l'avantage que cette position donne à ceux qui disposent de ma destinée. Qu'ils en disposent donc tout à leur aise. J'aime encore mieux qu'ils me tourmentent sans résistance que d'être forcé de penser à eux pour me garantir de leurs coups.

Cette action de mes sens sur mon cœur fait le seul tourment de ma vie. Les jours où je ne vois personne, je ne pense plus à ma destinée, je ne la sens plus, je ne souffre plus, je suis heureux et content sans diversion, sans obstacle. Mais j'échappe rarement à quelque atteinte sensible, et lorsque j'y pense le moins, un geste, un regard sinistre que j'aperçois, un mot envenimé que j'entends, un malveillant que je rencontre, suffit pour me bouleverser. Tout ce que je puis faire en pareil cas est d'oublier bien vite et de fuir. Le trouble de mon cœur disparaît avec l'objet qui l'a causé et je rentre dans le calme aussitôt que je suis seul. Ou si quelque chose m'inquiète, c'est la crainte de rencontrer sur mon passage quelque nouveau sujet de douleur. C'est là ma seule peine ; mais elle suffit pour altérer mon bonheur. Je loge au milieu de Paris. En sortant de chez moi je soupire après la campagne et la solitude, mais il faut l'aller chercher si loin qu'avant de pouvoir respirer à mon aise je trouve en mon chemin mille objets qui me serrent le cœur, et la moitié de la journée se passe en angoisses avant que j'aie atteint l'asile que je vais chercher. Heureux du moins quand on me laisse achever ma route. Le moment où j'échappe au cortège des méchants est délicieux, et sitôt que je me vois sous les arbres, au milieu de la verdure, je crois me voir dans le paradis terrestre et je goûte un plaisir interne aussi vif que si j'étais le plus heureux des mortels.

Je me souviens parfaitement que durant mes courtes prospérités, ces mêmes promenades solitaires qui me sont aujourd'hui si délicieuses m'étaient insipides et ennuyeuses. Quand j'étais chez quelqu'un à la campagne, le besoin de faire de l'exercice et de respirer le grand air me faisait souvent sortir seul, et m'échappant comme un voleur je m'allais promener dans le parc ou dans la campagne, mais loin d'y trouver le calme heureux que j'y goûte aujourd'hui, j'y portais l'agitation des vaines idées qui m'avaient occupé dans le salon ; le souvenir de la compagnie que j'y avais laissée m'y suivait, dans la solitude, les vapeurs de l'amour-propre et le tumulte du monde ternissaient à mes yeux la fraîcheur des bosquets et troublaient la paix de la retraite. J'avais beau fuir au fond des bois, une foule importune me suivait partout et voilait pour moi toute la nature. Ce n'est qu'après m'être détaché des passions sociales et de leur triste cortège que je l'ai retrouvée avec tous ses charmes.

Convaincu de l'impossibilité de contenir ces premiers mouvements involontaires, j'ai cessé tous mes efforts pour cela. Je laisse à chaque atteinte mon sang s'allumer, la colère et l'imagination s'emparer de mes sens, je cède à la nature cette première explosion que toutes mes forces ne pourraient arrêter ni suspendre. Je tâche seulement d'en arrêter les suites avant qu'elle ait produit aucun effet. Les yeux étincelants, le feu du visage, le tremblement des membres, les suffocantes palpitations, tout cela tient au seul physique et le raisonnement n'y peut rien ; mais après avoir laissé faire au naturel sa première explosion, l'on peut redevenir son propre maître en reprenant peu à peu ses sens ; c'est ce que j'ai tâché de faire longtemps sans succès, mais enfin plus heureusement. Et cessant d'employer ma force en vaine résistance j'attends le moment de vaincre en laissant agir ma raison, car elle ne me parle que quand elle peut se faire écouter. Et que dis-je hélas ! ma raison ? j'aurais grand tort encore de lui faire l'honneur de ce triomphe car elle n'y a guère de part. Tout vient également d'un tempérament versatile qu'un vent impétueux agite, mais qui rentre dans le calme à l'instant que le vent ne souffle plus. C'est mon naturel ardent qui m'agite, c'est mon naturel indolent qui m'apaise. Je cède à toutes les impulsions présentes, tout choc me donne un mouvement vif et court ; sitôt qu'il n'y a plus de choc, le mouvement cesse, rien de communiqué ne peut se prolonger en moi. Tous les événements de la fortune, toutes les machines [1] des hommes ont peu de prise sur un homme ainsi constitué. Pour m'affecter de peines durables, il faudrait que l'impression se renouvelât à chaque instant. Car les intervalles quelque courts qu'ils soient suffisent pour me rendre à moi-même. Je suis ce qu'il plaît aux hommes tant qu'ils peuvent agir sur mes sens ; mais au premier instant de relâche, je redeviens ce que la nature a voulu, c'est là, quoi qu'on puisse faire, mon état le plus constant et celui par lequel en dépit de la destinée je goûte un bonheur pour lequel je me sens constitué. J'ai décrit cet état dans une de mes rêveries [2]. Il me convient si bien que je ne désire autre chose que sa durée et ne crains que de le voir troubler. Le mal que m'ont fait les hommes ne me touche en aucune sorte ; la crainte seule de celui qu'ils peuvent me faire encore est capable de m'agiter ; mais certain qu'ils n'ont plus de nouvelle prise par laquelle ils puissent m'affecter d'un sentiment permanent je me ris de toutes leurs trames et je jouis de moi-même en dépit d'eux.

---

1. Les ruses.
2. La cinquième.

NEUVIÈME PROMENADE

Le bonheur est un état permanent qui ne semble pas fait ici-bas pour l'homme. Tout est sur la terre dans un flux continuel qui ne permet à rien d'y prendre une forme constante. Tout change autour de nous. Nous changeons nous-mêmes et nul ne peut s'assurer qu'il aimera demain ce qu'il aime aujourd'hui. Ainsi tous nos projets de félicité pour cette vie sont des chimères. Profitons du contentement d'esprit quand il vient ; gardons-nous de l'éloigner par notre faute, mais ne faisons pas des projets pour l'enchaîner, car ces projets-là sont de pures folies. J'ai peu vu d'hommes heureux, peut-être point ; mais j'ai souvent vu des cœurs contents, et de tous les objets qui m'ont frappé c'est celui qui m'a le plus contenté moi-même. Je crois que c'est une suite naturelle du pouvoir des sensations sur mes sentiments internes. Le bonheur n'a point d'enseigne extérieure ; pour le connaître, il faudrait lire dans le cœur de l'homme heureux ; mais le contentement se lit dans les yeux, dans le maintien, dans l'accent, dans la démarche, et semble se communiquer à celui qui l'aperçoit. Est-il une jouissance plus douce que de voir un peuple entier se livrer à la joie un jour de fête, et tous les cœurs s'épanouir aux rayons expansifs du plaisir qui passe rapidement, mais vivement, à travers les nuages de la vie ?

Il y a trois jours que M. P. [1] vint avec un empressement

---

1. Sans doute le précepteur genevois Pierre Prévost, qui fit plusieurs visites à Rousseau durant les deux dernières années de sa vie.

extraordinaire me montrer l'éloge de Mme Geoffrin [1] par M. d'Alembert. La lecture fut précédée de longs et grands éclats de rire sur le ridicule néologisme [2] de cette pièce [3] et sur les badins [4] jeux de mots dont il la disait remplie. Il commença de lire en riant toujours, je l'écoutai d'un sérieux qui le calma, et voyant toujours que je ne l'imitais point, il cessa enfin de rire. L'article le plus long et le plus recherché de cette pièce roulait sur le plaisir que prenait Mme Geoffrin à voir les enfants et à les faire causer. L'auteur tirait avec raison de cette disposition une preuve de bon naturel. Mais il ne s'arrêtait pas là et il accusait décidément de mauvais naturel et de méchanceté tous ceux qui n'avaient pas le même goût, au point de dire que si l'on interrogeait là-dessus ceux qu'on mène au gibet ou à la roue tous conviendraient qu'ils n'avaient pas aimé les enfants [5]. Ces assertions faisaient un effet singulier dans la place où elles étaient [6]. Supposant tout cela vrai, était-ce là l'occasion de le dire et fallait-il souiller l'éloge d'une femme estimable des images de supplice et de malfaiteur ? Je compris aisément le motif de cette affectation [7] vilaine et quand M. P. eut fini de lire, en relevant ce qui m'avait paru bien dans l'éloge, j'ajoutai que l'auteur en l'écrivant avait dans le cœur moins d'amitié que de haine.

Le lendemain, le temps étant assez beau quoique froid, j'allai faire une course jusqu'à l'École militaire [8] comptant d'y trouver des mousses en pleine fleur. En allant, je rêvais sur la visite de la veille et sur l'écrit de M. d'Alembert où je pensais bien que ce placage épisodique [9] n'avait pas été mis sans dessein [10] ; et la seule affectation de m'ap-

---

1. Mme Geoffrin était morte le 6 octobre 1777.
2. Affectation de nouveauté dans le style.
3. De cet écrit.
4. Plaisants.
5. Voici le texte de d'Alembert citant les paroles de Mme Geoffrin : « Je voudrais [...] qu'on fît une question à tous les malheureux qui vont subir la mort pour leurs crimes : *avez-vous aimé les enfants ?* Je suis sûre qu'ils répondraient que non. »
6. C'est-à-dire au milieu de l'éloge de Mme Geoffrin.
7. Manière de parler artificielle.
8. Le Champ de Mars est situé au-delà des fortifications de Paris.
9. Cet ajout adventice (car étranger à l'éloge).
10. Sans intention.

porter cette brochure, à moi à qui l'on cache tout, m'apprenait assez quel en était l'objet. J'avais mis mes enfants aux Enfants-Trouvés ; c'en était assez pour m'avoir travesti en père dénaturé, et de là, en étendant et caressant cette idée on en avait peu à peu tiré la conséquence évidente que je haïssais les enfants ; en suivant par la pensée la chaîne de ces gradations j'admirais avec quel art l'industrie humaine sait changer les choses du blanc au noir. Car je ne crois pas que jamais homme ait plus aimé que moi à voir de petits bambins folâtrer et jouer ensemble, et souvent dans la rue et aux promenades je m'arrête à regarder leur espièglerie et leurs petits jeux avec un intérêt que je ne vois partager à personne. Le jour même où vint M. P., une heure avant sa visite, j'avais eu celle des deux petits du Soussoi, les plus jeunes enfants de mon hôte, dont l'aîné peut avoir sept ans ; ils étaient venus m'embrasser de si bon cœur et je leur avais rendu si tendrement leurs caresses que malgré la disparité des âges ils avaient paru se plaire avec moi sincèrement, et pour moi j'étais transporté d'aise de voir que ma vieille figure ne les avait pas rebutés ; le cadet même paraissait revenir à moi si volontiers que plus enfant qu'eux, je me sentais attacher à lui déjà par préférence et je le vis partir avec autant de regret que s'il m'eût appartenu.

Je comprends que le reproche d'avoir mis mes enfants aux Enfants-Trouvés a facilement dégénéré, avec un peu de tournure, en celui d'être un père dénaturé et de haïr les enfants. Cependant il est sûr que c'est la crainte d'une destinée pour eux mille fois pire et presque inévitable par toute autre voie, qui m'a le plus déterminé dans cette démarche. Plus indifférent sur ce qu'ils deviendraient et hors d'état de les élever moi-même, il aurait fallu dans ma situation les laisser élever par leur mère qui les aurait gâtés et par sa famille qui en aurait fait des monstres. Je frémis encore d'y penser. Ce que Mahomet fit de Séide [1] n'est rien auprès de ce qu'on aurait fait d'eux à mon égard et les pièges qu'on m'a tendus là-dessus dans la suite me confirment assez que

---

1. Mahomet en fit un adepte fanatique de sa religion. Séide est un personnage de la tragédie de Voltaire *Le Fanatisme ou Mahomet le prophète* (1742).

le projet en avait été formé. À la vérité j'étais bien éloigné de prévoir alors ces trames atroces : mais je savais que l'éducation pour eux la moins périlleuse était celle des Enfants-Trouvés et je les y mis. Je le ferais encore avec bien moins de doute aussi si la chose était à faire, et je sais bien que nul père n'est plus tendre que je l'aurais été pour eux, pour peu que l'habitude eût aidé la nature.

Si j'ai fait quelque progrès dans la connaissance du cœur humain c'est le plaisir que j'avais à voir et observer les enfants qui m'a valu cette connaissance. Ce même plaisir, dans ma jeunesse, y a mis une espèce d'obstacle, car je jouais avec les enfants si gaiement et de si bon cœur que je ne songeais guère à les étudier. Mais quand en vieillissant j'ai vu que ma figure caduque [1] les inquiétait je me suis abstenu de les importuner, et j'ai mieux aimé me priver d'un plaisir que de troubler leur joie ; content alors de me satisfaire en regardant leurs jeux et tous leurs petits manèges, j'ai trouvé le dédommagement de mon sacrifice dans les lumières que ces observations m'ont fait acquérir sur les premiers et vrais mouvements de la nature auxquels tous nos savants ne connaissent rien. J'ai consigné dans mes écrits la preuve que je m'étais occupé de cette recherche trop soigneusement pour ne l'avoir pas faite avec plaisir, et ce serait assurément la chose du monde la plus incroyable que l'*Héloïse* et l'*Émile* fussent l'ouvrage d'un homme qui n'aimait pas les enfants.

Je n'eus jamais ni présence d'esprit ni facilité de parler ; mais depuis mes malheurs ma langue et ma tête se sont de plus en plus embarrassées. L'idée et le mot propre m'échappent également, et rien n'exige un meilleur discernement et un choix d'expressions plus justes que les propos qu'on tient aux enfants. Ce qui augmente encore en moi cet embarras, est l'attention des écoutants, les interprétations et le poids qu'ils donnent à tout ce qui part d'un homme qui, ayant écrit expressément pour les enfants, est supposé ne devoir leur parler que par oracles. Cette gêne extrême et l'inaptitude que je me sens me trouble, me déconcerte et je serais bien plus à mon aise devant un

---

1. De vieillard.

monarque d'Asie que devant un bambin qu'il faut faire babiller.

Un autre inconvénient me tient maintenant plus éloigné d'eux, et depuis mes malheurs je les vois toujours avec le même plaisir, mais je n'ai plus avec eux la même familiarité. Les enfants n'aiment pas la vieillesse, l'aspect de la nature défaillante est hideux à leurs yeux, leur répugnance que j'aperçois me navre ; et j'aime mieux m'abstenir de les caresser que de leur donner de la gêne ou du dégoût. Ce motif qui n'agit que sur les âmes vraiment aimantes, est nul pour tous nos docteurs et doctoresses. Mme Geoffrin s'embarrassait fort peu que les enfants eussent du plaisir avec elle pourvu qu'elle en eût avec eux. Mais pour moi ce plaisir est pis que nul, il est négatif quand il n'est pas partagé, et je ne suis plus dans la situation ni dans l'âge où je voyais le petit cœur d'un enfant s'épanouir avec le mien. Si cela pouvait m'arriver encore, ce plaisir devenu plus rare n'en serait pour moi que plus vif et je l'éprouvais bien l'autre matin par le goût que je prenais à caresser les petits du Soussoi, non seulement parce que la bonne qui les conduisait ne m'en imposait pas beaucoup et que je sentais moins le besoin de m'écouter devant elle, mais encore parce que l'air jovial avec lequel ils m'abordèrent ne les quitta point, et qu'ils ne parurent ni se déplaire ni s'ennuyer avec moi.

Oh ! si j'avais encore quelques moments de pures caresses qui vinssent du cœur ne fût-ce que d'un enfant encore en jaquette, si je pouvais voir encore dans quelques yeux la joie et le contentement d'être avec moi, de combien de maux et de peines ne me dédommageraient pas ces courts mais doux épanchements de mon cœur ? Ah ! je ne serais pas obligé de chercher parmi les animaux le regard de la bienveillance qui m'est désormais refusé parmi les humains. J'en puis juger sur bien peu d'exemples mais toujours chers à mon souvenir. En voici un qu'en tout autre état j'aurais oublié presque et dont l'impression qu'il a faite sur moi peint bien toute ma misère. Il y a deux ans que m'étant allé promener du côté de la Nouvelle-France [1], je

---

1. Ancien nom du quartier de la rue Poissonnière, au nord des Grands Boulevards.

poussai plus loin, puis tirant à gauche et voulant tourner autour de Montmartre [1], je traversai le village de Clignancourt. Je marchais distrait et rêvant sans regarder autour de moi quand tout à coup je me sentis saisir les genoux. Je regarde et je vois un petit enfant de cinq ou six ans qui serrait mes genoux de toute sa force en me regardant d'un air si familier et si caressant que mes entrailles s'émurent et je me disais : c'est ainsi que j'aurais été traité des miens. Je pris l'enfant dans mes bras, je le baisai plusieurs fois dans une espèce de transport et puis je continuai mon chemin. Je sentais en marchant qu'il me manquait quelque chose, un besoin naissant me ramenait sur mes pas. Je me reprochais d'avoir quitté si brusquement cet enfant, je croyais voir dans son action sans cause apparente une sorte d'inspiration qu'il ne fallait pas dédaigner. Enfin cédant à la tentation, je reviens sur mes pas, je cours à l'enfant, je l'embrasse de nouveau et je lui donne de quoi acheter des petits pains de Nanterre [2] dont le marchand passait là par hasard, et je commençai à le faire jaser. Je lui demandai où était son père ; il me le montra qui reliait des tonneaux. J'étais prêt à quitter l'enfant pour aller lui parler quand je vis que j'avais été prévenu [3] par un homme de mauvaise mine qui me parut être une de ces mouches [4] qu'on tient sans cesse à mes trousses. Tandis que cet homme lui parlait à l'oreille, je vis les regards du tonnelier se fixer attentivement sur moi d'un air qui n'avait rien d'amical. Cet objet me resserra le cœur à l'instant et je quittai le père et l'enfant avec plus de promptitude encore que je n'en avais mis à revenir sur mes pas, mais dans un trouble moins agréable qui changea toutes mes dispositions.

Je les ai pourtant senties renaître assez souvent depuis lors ; je suis repassé plusieurs fois par Clignancourt dans l'espérance d'y revoir cet enfant mais je n'ai plus revu ni lui ni le père, et il ne m'est plus resté de cette rencontre qu'un souvenir assez vif mêlé toujours de douceur et de

---

1. Montmartre est alors un village située sur une butte élevée, au nord de Paris.
2. Nanterre est alors renommé pour ses gâteaux et son « petit salé ».
3. Devancé.
4. Un mouchard, un espion.

tristesse, comme toutes les émotions qui pénètrent encore quelquefois jusqu'à mon cœur et qu'une réaction douloureuse finit toujours en le refermant.

Il y a compensation à tout. Si mes plaisirs sont rares et courts je les goûte aussi plus vivement quand ils viennent que s'ils m'étaient plus familiers ; je les rumine pour ainsi dire par de fréquents souvenirs, et quelque rares qu'ils soient, s'ils étaient purs et sans mélange je serais plus heureux peut-être que dans ma prospérité. Dans l'extrême misère on se trouve riche de peu ; un gueux qui trouve un écu en est plus affecté [1] que ne le serait un riche en trouvant une bourse d'or. On rirait si l'on voyait dans mon âme l'impression qu'y font les moindres plaisirs de cette espèce que je puis dérober à la vigilance de mes persécuteurs. Un des derniers s'offrit il y a quatre ou cinq ans, que je ne me rappelle jamais sans me sentir ravi d'aise d'en avoir si bien profité.

Un dimanche nous étions allés, ma femme et moi, dîner à la porte Maillot [2]. Après le dîner nous traversâmes le bois de Boulogne jusqu'à la Muette ; là nous nous assîmes sur l'herbe à l'ombre en attendant que le soleil fût baissé pour nous en retourner ensuite tout doucement par Passy. Une vingtaine de petites filles conduites par une manière de religieuse vinrent les unes s'asseoir les autres folâtrer assez près de nous. Durant leurs jeux vint à passer un oublieur [3] avec son tambour et son tourniquet, qui cherchait pratique [4]. Je vis que les petites filles convoitaient fort les oublies et deux ou trois d'entre elles, qui apparemment possédaient quelques liards [5], demandèrent la permission de jouer. Tandis que la gouvernante hésitait et disputait j'appelai l'oublieur et je lui dis : faites tirer toutes ces demoiselles chacune à son tour et je vous paierai le tout. Ce mot répandit dans toute la troupe une joie qui seule eût plus que payé ma bourse quand je l'aurais toute employée à cela.

---

1. Touché.
2. Une des entrées du bois de Boulogne.
3. Garçon pâtissier vendant des oublies (sorte de gaufrettes appelées aussi *plaisirs*), qu'il faisait tomber au moyen d'un tourniquet.
4. Des clients.
5. Petite monnaie de cuivre, d'une valeur inférieure au sou.

Comme je vis qu'elles s'empressaient avec un peu de confusion, avec l'agrément de la gouvernante je les fis ranger toutes d'un côté, et puis passer de l'autre côté l'une après l'autre à mesure qu'elles avaient tiré. Quoiqu'il n'y eût point de billet blanc et qu'il revînt au moins une oublie à chacune de celles qui n'auraient rien, qu'aucune d'elles ne pouvait être absolument mécontente, afin de rendre la fête encore plus gaie, je dis en secret à l'oublieur d'user de son adresse ordinaire en sens contraire en faisant tomber autant de bons lots qu'il pourrait, et que je lui en tiendrais compte. Au moyen de cette prévoyance il y eut tout près d'une centaine d'oublies distribuées, quoique les jeunes filles ne tirassent chacune qu'une seule fois, car là-dessus je fus inexorable, ne voulant ni favoriser des abus ni marquer des préférences qui produiraient des mécontentements. Ma femme insinua à celles qui avaient de bons lots d'en faire part[1] à leurs camarades, au moyen de quoi le partage devint presque égal et la joie plus générale.

Je priai la religieuse de vouloir bien tirer à son tour, craignant fort qu'elle ne rejetât dédaigneusement mon offre ; elle l'accepta de bonne grâce, tira comme les pensionnaires et prit sans façon ce qui lui revint ; je lui en sus un gré infini, et je trouvai à cela une sorte de politesse qui me plut fort et qui vaut bien je crois celle des simagrées. Pendant toute cette opération il y eut des disputes qu'on porta devant mon tribunal, et ces petites filles venant plaider tour à tour leur cause me donnèrent occasion de remarquer que, quoiqu'il n'y en eût aucune de jolie, la gentillesse de quelques-unes faisait oublier leur laideur.

Nous nous quittâmes enfin très contents les uns des autres ; et cette après-midi fut une de celles de ma vie dont je me rappelle le souvenir avec le plus de satisfaction. La fête au reste ne fut pas ruineuse mais pour trente sols qu'il m'en coûta tout au plus, il y eut pour plus de cent écus de contentement. Tant il est vrai que le vrai plaisir ne se mesure pas sur la dépense et que la joie est plus amie des liards que des louis. Je suis revenu plusieurs autres fois à

---

1. De les partager.

la même place à la même heure, espérant d'y rencontrer encore la petite troupe, mais cela n'est plus arrivé.

Ceci me rappelle un autre amusement à peu près de même espèce dont le souvenir m'est resté de beaucoup plus loin. C'était dans le malheureux temps où faufilé parmi les riches et les gens de lettres, j'étais quelquefois réduit à partager leurs tristes plaisirs. J'étais à la Chevrette au temps de la fête du maître de la maison[1]. Toute sa famille s'était réunie pour la célébrer, et tout l'éclat des plaisirs bruyants fut mis en œuvre pour cet effet. Jeux, spectacles, festins, feux d'artifice, rien ne fut épargné. L'on n'avait pas le temps de prendre haleine et l'on s'étourdissait au lieu de s'amuser. Après le dîner on alla prendre l'air dans l'avenue. On tenait une espèce de foire. On dansait; les messieurs daignèrent danser avec les paysannes, mais les Dames gardèrent leur dignité. On vendait là des pains d'épice. Un jeune homme de la compagnie s'avisa d'en acheter pour les lancer l'un après l'autre au milieu de la foule, et l'on prit tant de plaisir à voir tous ces manants[2] se précipiter, se battre, se renverser pour en avoir, que tout le monde voulut se donner le même plaisir. Et pains d'épice de voler à droite et à gauche, et filles et garçons de courir, s'entasser et s'estropier; cela paraissait charmant à tout le monde. Je fis comme les autres par mauvaise honte, quoique en dedans je ne m'amusasse pas autant qu'eux. Mais bientôt ennuyé de vider ma bourse pour faire écraser les gens, je laissai là la bonne compagnie et je fus me promener seul dans la foire. La variété des objets m'amusa longtemps. J'aperçus entre autres cinq ou six Savoyards[3] autour d'une petite fille qui avait encore sur son inventaire[4] une douzaine de chétives pommes dont elle aurait bien voulu se débarrasser. Les Savoyards de leur côté auraient bien voulu l'en débarrasser mais ils n'avaient que deux ou trois liards à eux tous et

---

1. La fête que donne le seigneur d'Épinay en 1757. C'est l'époque où Rousseau fréquente encore les « philosophes » (Émilie d'Épinay était la maîtresse de Grimm, l'ami de Diderot).
2. Ces paysans – opposés aux « messieurs ».
3. Ces petits Savoyards étaient ramoneurs ou commissionnaires dans la capitale.
4. Confusion populaire avec *éventaire* (plateau pour l'étalage des marchandises).

ce n'était pas de quoi faire une grande brèche aux pommes. Cet inventaire était pour eux le jardin des Hespérides [1], et la petite fille était le dragon qui le gardait. Cette comédie m'amusa longtemps ; j'en fis enfin le dénouement en payant les pommes à la petite fille et les lui faisant distribuer aux petits garçons. J'eus alors un des plus doux spectacles qui puissent flatter un cœur d'homme, celui de voir la joie unie avec l'innocence de l'âge se répandre tout autour de moi ; car les spectateurs mêmes en la voyant la partagèrent, et moi qui partageais à si bon marché cette joie, j'avais de plus celle de sentir qu'elle était mon ouvrage.

En comparant cet amusement avec ceux que je venais de quitter, je sentais avec satisfaction la différence qu'il y a des goûts sains et des plaisirs naturels à ceux que fait naître l'opulence, et qui ne sont guère que des plaisirs de moquerie et des goûts exclusifs [2] engendrés par le mépris. Car quelle sorte de plaisir pouvait-on prendre à voir des troupeaux d'hommes avilis par la misère s'entasser, s'étouffer, s'estropier brutalement, pour s'arracher avidement quelques morceaux de pains d'épice foulés aux pieds et couverts de boue ?

De mon côté quand j'ai bien réfléchi sur l'espèce de volupté que je goûtais dans ces sortes d'occasions, j'ai trouvé qu'elle consistait moins dans un sentiment de bienfaisance que dans le plaisir de voir des visages contents. Cet aspect a pour moi un charme qui, bien qu'il pénètre jusqu'à mon cœur, semble être uniquement de sensation. Si je ne vois la satisfaction que je cause, quand même j'en serais sûr je n'en jouirais qu'à demi. C'est même pour moi un plaisir désintéressé qui ne dépend pas de la part que j'y puis avoir ; car dans les fêtes du peuple celui de voir des visages gais m'a toujours vivement attiré. Cette attente a pourtant été souvent frustrée en France où cette nation qui se prétend si gaie montre peu cette gaieté dans ses jeux. Souvent j'allais jadis aux guinguettes [3] pour y voir danser

---

1. Les trois « nymphes du Couchant » (Hespérides) gardaient le jardin des pommes d'or avec l'aide d'un dragon. Hercule parvint à s'emparer de ces pommes avec l'aide du géant Atlas.
2. Qui excluent (ici les « manants »).
3. « Petit cabaret dans les faubourgs et les environs de Paris, où le peuple va boire les jours de fêtes » (Trévoux).

le menu peuple : mais ses danses étaient si maussades, son maintien si dolent, si gauche, que j'en sortais plutôt contristé que réjoui. Mais à Genève et en Suisse, où le rire ne s'évapore pas sans cesse en folles malignités, tout respire le contentement et la gaieté dans les fêtes, la misère n'y porte point son hideux aspect, le faste n'y montre pas non plus son insolence ; le bien-être, la fraternité, la concorde y disposent les cœurs à s'épanouir, et souvent dans les transports d'une innocente joie, les inconnus s'accostent, s'embrassent, et s'invitent à jouir de concert des plaisirs du jour [1]. Pour jouir moi-même de ces aimables fêtes, je n'ai pas besoin d'en être, il me suffit de les voir ; en les voyant je les partage ; et parmi tant de visages gais, je suis bien sûr qu'il n'y a pas un cœur plus gai que le mien.

Quoique ce ne soit là qu'un plaisir de sensation il a certainement une cause morale, et la preuve en est que ce même aspect, au lieu de me flatter, de me plaire, peut me déchirer de douleur et d'indignation quand je sais que ces signes de plaisir et de joie sur les visages des méchants ne sont que des marques que leur malignité est satisfaite. La joie innocente est la seule dont les signes flattent mon cœur. Ceux de la cruelle et moqueuse joie le navrent et l'affligent quoiqu'elle n'ait nul rapport à moi. Ces signes, sans doute, ne sauraient être exactement les mêmes, partant de principes si différents : mais enfin ce sont également des signes de joie, et leurs différences sensibles ne sont assurément pas proportionnelles à celles des mouvements qu'ils excitent en moi.

Ceux de douleur et de peine me sont encore plus sensibles au point qu'il m'est impossible de les soutenir sans être agité moi-même d'émotions peut-être encore plus vives que celles qu'ils représentent. L'imagination renforçant la sensation m'identifie avec l'être souffrant et me donne souvent plus d'angoisse qu'il n'en sent lui-même. Un visage mécontent est encore un spectacle qu'il m'est impossible de soutenir surtout si j'ai lieu de penser que ce mécontentement me regarde. Je ne saurais dire combien l'air grognard et maussade des valets qui servent en rechi-

---

1. Telle est la vision harmonieuse de la fête populaire que Rousseau décrit dans sa *Lettre à d'Alembert sur les spectacles*, l'opposant aux plaisirs artificiels des théâtres parisiens.

gnant m'a arraché d'écus dans les maisons où j'avais autrefois la sottise de me laisser entraîner, et où les domestiques
m'ont toujours fait payer bien chèrement l'hospitalité des
maîtres. Toujours trop affecté des objets sensibles, et surtout de ceux qui portent signe de plaisir ou de peine, de
bienveillance ou d'aversion, je me laisse entraîner par ces
impressions extérieures sans pouvoir jamais m'y dérober
autrement que par la fuite. Un signe, un geste, un coup
d'œil d'un inconnu suffit pour troubler mes plaisirs ou calmer mes peines. Je ne suis à moi que quand je suis seul,
hors de là je suis le jouet de tous ceux qui m'entourent.

Je vivais jadis avec plaisir dans le monde quand je n'y
voyais dans tous les yeux que bienveillance, ou tout au pis
indifférence dans ceux à qui j'étais inconnu. Mais aujour-
d'hui qu'on ne prend pas moins de peine à montrer mon
visage au peuple qu'à lui masquer mon naturel, je ne puis
mettre le pied dans la rue sans m'y voir entouré d'objets
déchirants ; je me hâte de gagner à grands pas la campagne ;
sitôt que je vois la verdure, je commence à respirer. Faut-
il s'étonner si j'aime la solitude ? Je ne vois qu'animosité
sur les visages des hommes, et la nature me rit toujours.

Je sens pourtant encore, il faut l'avouer, du plaisir à
vivre au milieu des hommes tant que mon visage leur est
inconnu. Mais c'est un plaisir qu'on ne me laisse guère.
J'aimais encore il y a quelques années à traverser les villages et à voir au matin les laboureurs raccommoder leurs
fléaux [1] ou les femmes sur leur porte avec leurs enfants.
Cette vue avait je ne sais quoi qui touchait mon cœur. Je
m'arrêtais quelquefois, sans y prendre garde, à regarder les
petits manèges de ces bonnes gens, et je me sentais soupi-
rer sans savoir pourquoi. J'ignore si l'on m'a vu sensible
à ce petit plaisir et si l'on a voulu me l'ôter encore ; mais
au changement que j'aperçois sur les physionomies à mon
passage, et à l'air dont je suis regardé, je suis bien forcé
de comprendre qu'on a pris grand soin de m'ôter cet incognito. La même chose m'est arrivée et d'une façon plus
marquée encore aux Invalides [2]. Ce bel établissement m'a

---

1. Instrument composé de deux pièces de bois, servant à battre les céréales.
2. L'Hôtel royal des Invalides fut construit sous Louis XIV pour accueillir
les officiers et les soldats blessés, et hors d'état de servir.

toujours intéressé. Je ne vois jamais sans attendrissement et vénération ces groupes de bons vieillards qui peuvent dire comme ceux de Lacédémone :

> *Nous avons été jadis*
> *Jeunes, vaillants et hardis* [1].

Une de mes promenades favorites était autour de l'École militaire et je rencontrais avec plaisir çà et là quelques invalides qui, ayant conservé l'ancienne honnêteté militaire, me saluaient en passant. Ce salut que mon cœur leur rendait au centuple me flattait et augmentait le plaisir que j'avais à les voir. Comme je ne sais rien cacher de ce qui me touche, je parlais souvent des invalides et de la façon dont leur aspect m'affectait. Il n'en fallut pas davantage. Au bout de quelque temps je m'aperçus que je n'étais plus un inconnu pour eux, ou plutôt que je le leur étais bien davantage puisqu'ils me voyaient du même œil que fait le public. Plus d'honnêteté, plus de salutations. Un air repoussant, un regard farouche avaient succédé à leur première urbanité. L'ancienne franchise de leur métier ne leur laissant pas comme aux autres couvrir leur animosité d'un masque ricaneur et traître, ils me montrent tout ouvertement la plus violente haine, et tel est l'excès de ma misère que je suis forcé de distinguer dans mon estime ceux qui me déguisent le moins leur fureur.

Depuis lors je me promène avec moins de plaisir du côté des Invalides ; cependant comme mes sentiments pour eux ne dépendent pas des leurs pour moi, je ne vois toujours point sans respect et sans intérêt ces anciens défenseurs de leur patrie : mais il m'est bien dur de me voir si mal payé de leur part de la justice que je leur rends. Quand par hasard j'en rencontre quelqu'un qui a échappé aux instructions communes, ou qui ne connaissant pas ma figure ne me montre aucune aversion, l'honnête salutation de ce seul là me dédommage du maintien rébarbatif [2] des autres. Je les oublie pour ne m'occuper que de lui, et je m'imagine qu'il

---

1. Chanson des vieillards à Sparte (Lacédémone) lors des fêtes publiques. Ces vers sont empruntés à la *Vie de Lycurgue* de Plutarque (traduction d'Amyot).
2. Rebutant.

a une de ces âmes comme la mienne où la haine ne saurait pénétrer. J'eus encore ce plaisir l'année dernière en passant l'eau pour m'aller promener à l'île aux Cygnes [1]. Un pauvre vieux invalide dans un bateau attendait compagnie pour traverser. Je me présentai et je dis au batelier de partir. L'eau était forte et la traversée fut longue. Je n'osais presque pas adresser la parole à l'invalide de peur d'être rudoyé et rebuté comme à l'ordinaire, mais son air honnête me rassura. Nous causâmes. Il me parut homme de sens et de mœurs [2]. Je fus surpris et charmé de son ton ouvert et affable, je n'étais pas accoutumé à tant de faveur ; ma surprise cessa quand j'appris qu'il arrivait tout nouvellement de province. Je compris qu'on ne lui avait pas encore montré ma figure et donné ses instructions. Je profitai de cet incognito pour converser quelques moments avec un homme et je sentis à la douceur que j'y trouvais combien la rareté des plaisirs les plus communs est capable d'en augmenter le prix. En sortant du bateau, il préparait ses deux pauvres liards. Je payai le passage et le priai de les resserrer en tremblant de le cabrer [3]. Cela n'arriva point ; au contraire, il parut sensible à mon attention et surtout à celle que j'eus encore, comme il était plus vieux que moi, de lui aider [4] à sortir du bateau. Qui croirait que je fus assez enfant pour en pleurer d'aise ? Je mourais d'envie de lui mettre une pièce de vingt-quatre sols dans la main pour avoir du tabac ; je n'osai jamais. La même honte qui me retint m'a souvent empêché de faire de bonnes actions qui m'auraient comblé de joie et dont je ne me suis abstenu qu'en déplorant mon imbécillité [5]. Cette fois, après avoir quitté mon vieux invalide je me consolai bientôt en pensant que j'aurais pour ainsi dire agi contre mes propres principes en mêlant aux choses honnêtes un prix d'argent qui dégrade leur noblesse et souille leur désintéressement. Il faut s'empresser de secourir ceux qui en ont besoin, mais dans le commerce ordinaire de la vie laissons la bienveillance

---

1. Ensemble d'îlots à la hauteur de l'esplanade des Invalides.
2. De bon sens et de bonnes mœurs.
3. Le froisser.
4. De l'aider.
5. Ma faiblesse.

naturelle et l'urbanité faire chacune leur œuvre, sans que jamais rien de vénal et de mercantile ose approcher d'une si pure source pour la corrompre ou pour l'altérer. On dit qu'en Hollande le peuple se fait payer pour vous dire l'heure et pour vous montrer le chemin. Ce doit être un bien méprisable peuple que celui qui trafique ainsi des plus simples devoirs de l'humanité.

J'ai remarqué qu'il n'y a que l'Europe seule où l'on vende l'hospitalité. Dans toute l'Asie on vous loge gratuitement, je comprends qu'on n'y trouve pas si bien toutes ses aises [1]. Mais n'est-ce rien que de se dire : je suis homme et reçu chez des humains. C'est l'humanité pure qui me donne le couvert. Les petites privations s'endurent sans peine, quand le cœur est mieux traité que le corps.

---

1. Depuis les *Lettres persanes* (1721) de Montesquieu, les philosophes des Lumières opposent souvent les mœurs de l'Orient à celles des Occidentaux.

DIXIÈME PROMENADE

Aujourd'hui jour de Pâques fleuries il y a précisément cinquante ans de ma première connaissance avec Mme de Warens[1]. Elle avait vingt-huit ans alors, étant née avec le siècle. Je n'en avais pas encore dix-sept[2] et mon tempérament naissant, mais que j'ignorais encore, donnait une nouvelle chaleur à un cœur naturellement plein de vie. S'il n'était pas étonnant qu'elle conçût de la bienveillance pour un jeune homme vif, mais doux et modeste, d'une figure assez agréable, il l'était encore moins qu'une femme charmante, pleine d'esprit et de grâce, m'inspirât avec la reconnaissance des sentiments plus tendres que je n'en distinguais pas. Mais ce qui est moins ordinaire est que ce premier moment décida de moi pour toute ma vie, et produisit par un enchaînement inévitable le destin du reste de mes jours. Mon âme dont mes organes n'avaient pas développé les plus précieuses facultés n'avait encore aucune forme déterminée. Elle attendait dans une sorte d'impatience le moment qui devait la lui donner, et ce moment accéléré par cette rencontre ne vint pourtant pas sitôt, et dans la simplicité de mœurs que l'éducation m'avait donnée je vis longtemps prolonger pour moi cet état délicieux mais rapide où l'amour et l'innocence habitent le même cœur. Elle m'avait éloigné[3].

---

1. Le jour des Rameaux de 1728 (*Les Confessions*, II), ce qui permet de dater cette dernière promenade du 12 avril 1778.
2. En fait, à peine seize : Rousseau est né le 28 juin 1712.
3. Elle l'envoie se convertir à Turin.

Tout me rappelait à elle, il y fallut revenir. Ce retour fixa ma destinée et longtemps encore avant de la posséder je ne vivais plus qu'en elle et pour elle. Ah ! si j'avais suffi à son cœur comme elle suffisait au mien ! Quels paisibles et délicieux jours nous eussions coulés ensemble ! Nous en avons passé de tels mais qu'ils ont été courts et rapides, et quel destin les a suivis ! Il n'y a pas de jour où je ne me rappelle avec joie et attendrissement cet unique et court temps de ma vie où je fus moi pleinement, sans mélange et sans obstacle, et où je puis véritablement dire avoir vécu. Je puis dire à peu près comme ce préfet du prétoire [1] qui disgracié sous Vespasien s'en alla finir paisiblement ses jours à la campagne : « J'ai passé soixante et dix ans sur la terre, et j'en ai vécu sept. » Sans ce court mais précieux espace je serais resté peut-être incertain sur moi ; car tout le reste de ma vie, faible et sans résistance, j'ai été tellement agité, ballotté, tiraillé par les passions d'autrui, que presque passif dans une vie aussi orageuse j'aurais peine à démêler ce qu'il y a du mien dans ma propre conduite, tant la dure nécessité n'a cessé de s'appesantir sur moi. Mais durant ce petit nombre d'années, aimé d'une femme pleine de complaisance et de douceur, je fis ce que je voulais faire, je fus ce que je voulais être, et par l'emploi que je fis de mes loisirs, aidé de ses leçons et de son exemple, je sus donner à mon âme encore simple et neuve la forme qui lui convenait davantage et qu'elle a gardée toujours. Le goût de la solitude et de la contemplation naquit dans mon cœur avec les sentiments expansifs et tendres faits pour être son aliment. Le tumulte et le bruit les resserrent et les étouffent, le calme et la paix les raniment et les exaltent. J'ai besoin de me recueillir pour aimer. J'engageai maman [2] à vivre à la campagne. Une maison isolée au penchant d'un vallon fut notre asile, et c'est là que dans l'espace de quatre ou cinq ans [3] j'ai joui d'un siècle de vie et d'un bonheur pur et plein qui couvre de son charme tout ce que mon sort présent a d'affreux. J'avais

---

1. Rousseau veut parler de Similis, courtisan de Trajan, mais ses sources sont erronées : la phrase citée ne s'applique pas à ce personnage.
2. C'est ainsi qu'il appelle Mme de Warens.
3. De 1736 à 1740, Rousseau séjourne dans le vallon des Charmettes, mais cette période ne fut pas aussi idyllique qu'il l'affirme ici.

besoin d'une amie selon mon cœur, je la possédais. J'avais désiré la campagne, je l'avais obtenue ; je ne pouvais souffrir l'assujettissement, j'étais parfaitement libre, et mieux que libre, car assujetti par mes seuls attachements, je ne faisais que ce que je voulais faire. Tout mon temps était rempli par des soins affectueux ou par des occupations champêtres. Je ne désirais rien que la continuation d'un état si doux. Ma seule peine était la crainte qu'il ne durât pas longtemps, et cette crainte née de la gêne de notre situation n'était pas sans fondement. Dès lors je songeai à me donner en même temps des diversions sur cette inquiétude et des ressources pour en prévenir l'effet. Je pensai qu'une provision de talents était la plus sûre ressource contre la misère, et je résolus d'employer mes loisirs à me mettre en état, s'il était possible, de rendre un jour à la meilleure des femmes l'assistance que j'en avais reçue.

DOSSIER

①——*Ébauches des* Rêveries

Le marquis de Girardin a retrouvé vingt-sept cartes à jouer dans les papiers de Rousseau, mais rien n'indique qu'elles furent rédigées dans les dernières années de l'écrivain : plusieurs se rattachent aux *Dialogues*, ce qui ferait remonter leur rédaction à 1771 ou 1772. Certaines de ces cartes ont dû servir de brouillon aux *Rêveries* : on pourra lire une ébauche de préface dans la première, un programme dans la vingt-septième, et certains motifs communs aux troisième et quatrième promenades dans les autres cartes que nous reproduisons.

Carte n° 1 : Pour bien remplir le titre de ce recueil je l'aurais dû commencer il y a soixante ans : car ma vie entière n'a guère été qu'une longue rêverie divisée en chapitres par mes promenades de chaque jour.
Je la commence aujourd'hui quoique tard parce qu'il ne me reste plus rien de mieux à faire en ce monde.
Je sens déjà mon imagination se glacer, toutes mes facultés s'affaiblir. Je m'attends à voir mes rêveries devenir plus froides de jour en jour jusqu'à ce que l'ennui de les écrire m'en ôte le courage ; ainsi mon livre, si je le continue, doit naturellement finir quand j'approcherai de la fin de ma vie.

Carte n° 3 : Le bonheur est un état trop constant et l'homme un être trop muable pour que l'un convienne à l'autre. Selon citait à Crésus l'exemple de trois hommes heureux moins à cause du bonheur de leur vie que de la douceur de leur mort, et ne lui accordait point d'être un homme heureux tandis qu'il vivait encore. L'expérience prouva qu'il avait raison. J'ajoute que s'il est quelque homme vraiment heureux sur la terre on ne le citera pas en exemple car personne que lui n'en sait rien.

... mouvement continu que j'aperçois m'avertit que j'existe car il est certain que la seule affection que j'éprouve alors est la faible sensation d'un bruit léger, égal et monotone. De quoi est-ce donc que je jouis, de moi ou...

Carte n° 17 : Rêverie. D'où j'ai conclu que cet état m'était agréable plutôt comme une suspension des peines de la vie que comme une jouissance positive.

Mais ne pouvant avec mon corps et mes sens me mettre à la place des purs esprits, je n'ai nul moyen de bien juger de leur véritable manière d'être. Veux-je me venger d'eux aussi cruellement qu'il est possible ? Je n'ai pour cela qu'à vivre heureux et content ; c'est un sûr moyen de les rendre misérables.

En se donnant le besoin de me rendre malheureux ils font dépendre de moi leur destinée.

Carte n° 22 : Les uns me recherchent avec empressement, pleurent de joie et d'attendrissement à ma vue, me baisent avec transport, avec larmes, les autres s'animent à mon aspect d'une fureur que je vois étinceler dans leurs yeux, les autres crachent sur moi ou tout près de moi avec tant d'affectation que l'intention m'en est claire. Des signes si différents sont tous inspirés par le même sentiment, cela ne m'est pas moins clair. Quel est ce sentiment qui se manifeste par tant de signes contraires ? C'est celui, je le vois, de tous mes contemporains à mon égard ; du reste, il m'est inconnu.

Carte n° 23 : La honte accompagne l'innocence, le crime ne la connaît plus.

Je dis naïvement mes sentiments, mes opinions, quelque bizarres, quelque paradoxes qu'elles puissent être ; je n'argumente ni ne prouve parce que je ne cherche à persuader personne et que je n'écris que pour moi.

Carte n° 25 : Qu'on est puissant, qu'on est fort quant on n'espère plus rien des hommes ! Je ris de la folle ineptie des méchants, quand je songe que trente ans de travaux, de soucis, de peines, ne leur ont servi qu'à me mettre pleinement au-dessus d'eux.

Carte n° 27 :
1° Connais-toi toi-même.
2° Froides et tristes rêveries.
3° Morale sensitive.
Comment dois-je me conduire avec mes contemporains.
Du mensonge.
Trop peu de santé. Éternité des peines.
Morale sensitive.

ROUSSEAU : *ROUSSEAU JUGE*
DE JEAN-JACQUES[1]

Les trois *Dialogues* se présentent sous la forme d'un débat entre deux personnages : Rousseau (juge impartial de son double Jean-Jacques) et un Français de bonne foi. Tous deux cherchent à répondre le plus objectivement possible à la question : qui est Jean-Jacques ? L'auteur de l'*Émile* et du *Contrat social* est-il un monstre, comme l'affirment ses ennemis, ou un homme sincère et loyal que l'on a trompé• ? Au cours du débat, Rousseau va convaincre peu à peu son interlocuteur (qui deviendra le dépositaire des derniers papiers de l'écrivain) en présentant le vrai caractère de Jean-Jacques, au besoin en rapportant ses propres paroles, comme c'est le cas dans le troisième dialogue. Dans le deuxième dialogue, la rêverie est présentée comme l'état de prédilection de Jean-Jacques :

• *Sur la dimension paranoïaque présent• dans les* Rêveries, *voir la présentation, p. 33-35.*

Un cœur actif et un naturel paresseux doivent inspirer le goût de la rêverie. Ce goût perce et devient une passion très vive, pour peu qu'il soit secondé par l'imagination. C'est ce qui arrive très fréquemment aux Orientaux ; c'est ce qui est arrivé à J.-J. [Jean-Jacques] qui leur ressemble à bien des

1. *Dialogues* (1772-1776), Gallimard, Bibliothèque de la Pléiade, 1959, p. 816-817.

égards. Trop soumis à ses sens pour pouvoir dans les jeux de la sienne en secouer le joug, il ne s'élèverait pas sans peine à des méditations purement abstraites, et ne s'y soutiendrait pas longtemps. Mais cette faiblesse d'entendement lui est peut-être plus avantageuse que ne serait une tête plus philosophique. Le concours des objets sensibles rend ses méditations moins sèches, plus douces, plus illusoires, plus appropriées à lui tout entier. La nature s'habille pour lui des formes les plus charmantes, se peint à ses yeux des couleurs les plus vives, se peuple pour son usage d'êtres selon son cœur ; et lequel est le plus consolant dans l'infortune, de profondes conceptions qui fatiguent, ou de riantes fictions qui ravissent et transportent celui qui s'y livre au sein de la félicité ? Il raisonne moins, il est vrai, mais il jouit davantage : il ne perd pas un moment pour la jouissance, et sitôt qu'il est seul il est heureux.

La rêverie, quelque douce qu'elle soit épuise et fatigue à la longue, elle a besoin de délassement. On le trouve en laissant reposer sa tête et livrant uniquement ses sens à l'impression des objets extérieurs. Le plus indifférent spectacle a sa douceur par le relâche qu'il nous procure, et pour peu que l'impression ne soit pas tout à fait nulle, le mouvement léger dont elle nous agite suffit pour nous préserver d'un engourdissement léthargique et nourrir en nous le plaisir d'exister sans donner de l'exercice à nos facultés. Le contemplatif J.-J. en tout autre temps si peu attentif aux objets qui l'entourent a souvent grand besoin de repos, et le goutte alors avec une sensualité d'enfant dont nos sages ne se doutent guère. Il n'aperçoit rien sinon quelque mouvement à son oreille ou devant ses yeux, mais c'en est assez pour lui. Non seulement une parade de foire, une revue, un exercice [1], une procession l'amusent ; mais la grue, le cabestan, le mouton [2], le jeu d'une machine quelconque, un bateau qui passe, un moulin qui tourne, un bouvier qui laboure, des joueurs de boule ou de bat-

1. Revue et exercices militaires.
2. Masse de fer employée pour le battage des pieux.

toir, la rivière qui court, l'oiseau qui vole attachent ses regards.

MONTAIGNE : « DE L'EXERCITATION [1] »

C'est dans les *Rêveries* plus que dans les *Confessions* que le propos autobiographique de Rousseau est le plus proche de celui de Montaigne, à commencer par l'emploi même du mot « rêverie », lié chez les deux auteurs à l'idée d'un heureux vagabondage de l'esprit. Ainsi chez Montaigne : « Mais mon âme me déplaît de ce qu'elle produit ordinairement ses plus profondes rêveries, plus folle et qui me plaisent le mieux, à l'improveu [2] et lors que je les cherche moins ; lesquelles s'évanouissent soudain, n'ayant sur-le-champ où les attacher : à cheval, à la table, au lit, mais plus à cheval, où sont mes plus larges entretiens » (*Essais*, III, 5, « Sur des vers de Virgile »). Même si Rousseau se démarque de Montaigne à la fin de la première promenade, les réminiscences littéraires des *Essais* resurgissent dans les passages introspectifs, et surtout dans l'épisode de l'accident de Ménilmontant. On comparera l'expérience indolore de la mort que décrit Rousseau dans la deuxième promenade à celle de Montaigne au livre II des *Essais*. Après une chute de cheval où il « a été plus de deux grosses heures tenu pour trépassé », Montaigne reprend connaissance dans une sorte d'état d'apesanteur.

Quant aux fonctions de l'âme, elles naissaient avec même progrès [3] que celle du corps. Je me vis tout

---

1. (« De l'exercice »), *Essais*, II, 6, GF-Flammarion, 1979, p. 44-45, 47-48.
2. À l'improviste.
3. La même progression.

sanglant, car mon pourpoint était taché partout du sang que j'avais rendu. La première pensée qui me vint, ce fut que j'avais un harquebusade [1] en la tête : de vrai, en même temps, il s'en tirait plusieurs autour de nous. Il me semblait que ma vie ne me tenait plus qu'au bout des lèvres : je fermais les yeux pour aider, ce me semblait, à la pousser hors, et prenais plaisir à m'alanguir et à me laisser aller. C'était une imagination qui ne faisait que nager superficiellement en mon âme, aussi tendre et aussi faible que tout le reste, mais à la vérité non seulement exempte de déplaisir, ains [2] mêlée à cette douceur que sentent ceux qui se laissent glisser au sommeil. [...]

Comme j'approchais de chez moi, où l'alarme de ma chute avait déjà couru, et que ceux de ma famille m'eurent rencontré avec les cris accoutumés en telles choses, non seulement je répondais quelque mot à ce qu'on me demandait, mais encore ils disent que je m'avisais de commander qu'on donnât un cheval à ma femme, que je voyais s'empêtrer et se tracasser [3] dans le chemin, qui est montueux et mal-aisé. Il semble que cette considération dut partir d'une âme éveillée ; si est-ce que [4] je n'y étais aucunement : c'étaient des pensements vains, en nuë [5], qui étaient émus [6] par les sens des yeux et des oreilles ; ils ne venaient pas de chez moi. Je ne savais pourtant ni d'où je venais, ni où j'allais ; ni ne pouvait peser [7] et considérer ce qu'on me demandait : ce sont des légers effets que les sens produisaient d'eux-mêmes, comme d'un usage [8] ; ce que l'âme y prêtait, c'était en songe, touchée bien légèrement, et comme léchée seulement et arrosée par la molle impression des sens. Cependant mon assiette [9] était à la vérité très douce et pai-

---

1. J'avais reçu un coup d'arquebuse.
2. Mais.
3. Marcher avec peine.
4. Toujours est-il que.
5. Des pensées vides, nébuleuses.
6. Produites.
7. Juger.
8. Comme par habitude.
9. État.

sible ; je n'avais affliction ni pour autrui ni pour
moi : c'était une langueur et une extrême faiblesse,
sans aucune douleur. Je vis ma maison sans la
reconnaître. Quand on m'eut couché, je sentis une
infinie douceur à ce repos, car j'avais été vilaine-
ment tirassé [1] par ces pauvres gens, qui avaient pris
la peine de me porter sur leurs bras par un long et
très mauvais chemin, et s'y étaient lassés deux ou
trois fois les uns après les autres. On me présenta
force remèdes, de quoi je n'en reçus [2] aucun, tenant
pour certain que j'étais blessé à mort par la tête.
C'eût été sans mentir une mort bienheureuse : car
la faiblesse de mon discours me gardait d'en rien
juger, et celle du corps d'en rien sentir. Je me laissais couler si doucement et d'une façon si douce
et si aisée que je ne sens guère autre action moins
pesante que celle-là était. Quand je vins à revivre
et à reprendre mes forces, *Ut tandem sensus conva-
luere mei* [3], qui fut [4] deux ou trois heures après, je
me sentis tout d'un train rengager aux douleurs,
ayant les membres tous moulus et froissés de ma
chute ; et en fus si mal deux ou trois nuits après,
que j'en cuidais [5] remourir encore un coup, mais
d'une mort plus vive ; et me sens [6] encore de la
secousse de cette froissure. Je ne veux pas oublier
ceci, que la dernière chose en quoi je me pus
remettre [7], ce fus la souvenance de cet accident ;
et me fis redire plusieurs fois où j'allais, d'où je
venais, à quelle heure cela m'était advenu, avant
que de le pouvoir concevoir. Quant à la façon [8] de
ma chute, on me la cachait en faveur de celui qui
en avait été cause, et m'en forgeait-on d'autres.
Mais longtemps après, et le lendemain, quand ma
mémoire vint à s'entr'ouvrir et me représenter

---

1. Tiraillé, ballotté.
2. Acceptai.
3. « Lorsqu'enfin mes sens reprirent quelque force »
(Ovide, *Tristes*, I, III, v. 14).
4. Ce qui eut lieu.
5. Pensai, faillis.
6. Je me ressens.
7. Que je pus me remémorer.
8. La cause (c'est un de ses domestiques,
monté sur un cheval rétif, qui a culbuté Montaigne).

l'état où je m'étais trouvé en l'instant que j'avais
aperçu ce cheval fondant sur moi (car je l'avais vu
à mes talons et me tins pour mort, mais ce pense-
ment avait été si soudain que la peur n'eut pas loisir de s'y engendrer), il me sembla que c'était un
éclair qui me frappait l'âme de secousse et que je
revenais de l'autre monde.

ROBERT MAUZI, *L'IDÉE DU BONHEUR DANS
LA LITTÉRATURE ET LA PENSÉE FRANÇAISE AU
XVIIIe SIÈCLE* [1]

Cette étude fondamentale sur l'évolution
des idées au siècle des Lumières propose
plusieurs analyses du bonheur selon Jean-
Jacques. L'auteur dégage ainsi les « formes
immédiates de l'existence » qui fondent la
quête hédoniste dans la deuxième et la cinquième promenade.

a) Commentaire de la Deuxième promenade

C'est Rousseau qui a donné sans doute l'idée la
plus saisissante de ce que peut être l'existence à
l'état pur, dans le texte célèbre de la *Deuxième
promenade*, où il décrit l'état dans lequel il se
réveille de son évanouissement, après avoir été renversé par un chien : « La nuit s'avançait. J'aperçus le ciel, quelques étoiles, et un peu de verdure.
Cette première sensation fut un moment délicieux.
*Je ne me sentais encore que par là. Je naissais
dans cet instant à la vie, et il me semblait que je
remplissais de ma légère existence tous les objets
que j'apercevais.* Tout entier au moment présent *je
ne me souvenais de rien ; je n'avais nulle notion
distincte de mon individu*, pas la moindre idée de
ce qui venait de m'arriver ; *je ne savais ni qui
j'étais ni où j'étais ; je ne sentais ni mal, ni crainte,
ni inquiétude.* Je voyais couler mon sang comme
j'aurais vu couler un ruisseau, *sans songer seule-*

ment que ce sang m'appartînt en aucune sorte. Je sentais dans tout mon être un calme ravissant, auquel chaque fois que je me le rappelle, je ne trouve rien de comparable dans toute l'activité des plaisirs connus. »

On voit tous les éléments qui permettent de définir exactement l'état de Rousseau :

a) Conscience de soi réduite à une sensation : « Je ne me sentais encore que par là. »

b) Impression d'une *naissance* ; la conscience, émergeant du néant, accède à l'être : « Je naissais dans cet instant à la vie. » Mais cette conscience d'être, à peine dégagée du néant, demeure infiniment ténue, impondérable.

c) Projection de cette « légère existence » sur le monde extérieur, qui n'a aucune réalité autonome ; le moi et le non-moi ne se distinguent pas encore : « Je remplissais de ma légère existence tous les objets que j'apercevais. »

d) Disparition de la mémoire, de toute intuition du temps et de l'espace ; absence même de tout sentiment d'identité personnelle : « Je ne me souvenais de rien ; je n'avais nulle notion distincte de mon individu, pas la moindre idée de ce qui venait de m'arriver ; je ne savais ni qui j'étais ni où j'étais. »

e) Absence d'émotion ; le vide affectif est total : « Je ne sentais ni mal, ni crainte, ni inquiétude. » Insensibilité absolue à la souffrance : « Je voyais couler mon sang comme j'aurais vu couler un ruisseau, sans songer seulement que ce sang m'appartînt en aucune sorte. »

f) Dans cette âme vide, qui s'ignore elle-même, s'installe une extase tranquille, une euphorie liée à la seule conscience d'exister : « Je sentais dans tout mon être un calme ravissant, auquel chaque fois que je me le rappelle, je ne trouve rien de comparable dans toute l'activité des plaisirs connus. »

b) Commentaire de la Cinquième promenade

Le bonheur que Rousseau veut saisir et fixer dans la *Cinquième promenade* exige que soit suspendu ce « flux continuel » des impressions terrestres, qui ne charrie que des nostalgies ou des espérances, et refuse au cœur humain, qui sent que le présent se pulvérise, la plénitude et le repos. L'homme est alors « toujours en avant ou en arrière de lui-même », irrévocablement exilé de son bonheur. La vraie félicité de l'âme est cet état où elle peut « rassembler tout son être » en se purifiant de toute mémoire et de toute pensée de l'avenir. Le sentiment de l'existence est une sorte de révélation de l'absolu. Mais il s'agit d'un absolu formel, qui est le contraire de l'idéal, car l'idéal est encore exposé aux vicissitudes de l'imagination, qui le forge en s'y transfigurant. L'absolu existentiel est aussi vide qu'il est plein. Il consiste en une négation : la négation du temps, le refus de la vie et de tous les sentiments qui l'accompagnent. Comme dans certaines extases mystiques, le bonheur psychique est nul. L'état de suffisance intime qu'il procure est comparable à cette plénitude sans motif ni objet qui est celle de Dieu même et qui tient seulement à la permanence dans l'être.

L'occasion qui fait naître un tel état ne peut être qu'une rencontre de miracles : à la paix profonde de l'âme doit répondre une certaine qualité des objets. Ceux-ci doivent communiquer à la conscience un rythme régulier, aussi éloigné du repos absolu que d'un mouvement trop vif. Par là Rousseau réintroduit le temps. Si l'âme a perdu tout sentiment de la durée, le mouvement continue à s'inscrire dans une sorte de conscience organique. Pour que l'âme puisse oublier le temps, il faut que le corps s'en souvienne. Ce temps purement sensoriel, qui doit servir d'accompagnement silencieux à la rêverie, est exactement défini. C'est le rythme même que Montesquieu assigne à la conscience heureuse. C'est aussi cet état intermé-

« Comment peut-on appeler bonheur un état fugitif qui nous laisse encore le cœur inquiet et vide, qui nous fait regretter quelque chose avant, ou désirer encore quelque chose après ? »

« Il faut que le cœur soit en paix et qu'aucune passion n'en vienne troubler le calme. »

« Il n'y faut ni un repos absolu ni trop d'agitation, mais un mouvement uniforme et modéré qui n'ait ni secousses ni intervalles. Sans mouvement la vie n'est qu'une léthargie. »

Dossier

diaire entre « les convulsions de l'inquiétude » et
« la léthargie de l'ennui » que certains personnages
de Voltaire convoitent vainement. Montesquieu,
Voltaire et Rousseau définissent tous trois le bonheur comme une certaine allure de l'âme esquivant
à la fois le risque d'une immobilité menacée par
l'enlisement et celui d'une action qui ne serait que
halètement et désordre. Mais, alors que Montesquieu et Voltaire introduisent ce rythme dans la
conscience, la sensibilité et la pensée même, Rousseau l'incorpore à la pure existence.

Le mouvement que Rousseau recherche dans la
Cinquième promenade doit permettre à la
conscience d'émerger du néant. Le repos absolu,
loin de mettre à nu le sentiment de l'existence, res-
semblerait dangereusement à l'inexistence. Rousseau devine que le rêve du repos n'est, en son
essence même, que le rêve de la mort. Mais ce n'est
pas le mouvement brut de la vie qui révèle davantage à l'âme la douceur d'exister. Il n'arrache
l'homme au néant de l'inexistence que pour le
plonger dans celui de la dissolution, dans cette
situation paradoxale où l'âme ne coïncide jamais
avec elle-même, où elle est incapable de trouver
« une assiette assez solide pour s'y reposer tout
entière ». Le mouvement de la vie est toujours
heurté, discontinu, indéfiniment voué à une accé-
lération vertigineuse. C'est par une suite de
spasmes, de sursauts brusques, de hiatus profonds,
qu'il conduit l'âme imprudente. Le mouvement
parfait doit être unifié, constant, maintenu dans les
limites d'un repos fondamental qui le régularise :
tel est ce mouvement secret que recèlent les choses,
mais qu'elles ne libèrent que rarement. À travers
la régularité d'un rythme immuable, elles peuvent
communiquer à l'âme leur stabilité profonde. Aussi
les sensations sont-elles nécessaires et suffisantes
pour soutenir le sentiment de l'existence. La
conscience d'exister, que les sentiments ou la pensée risquent de faire éclater, peut s'appuyer sur
quelques sensations élémentaires, qui l'immergent

« Le flux et le reflux de cette eau, son bruit continu mais renflé par intervalles frappant sans relâche mon oreille et mes yeux, suppléaient aux mouvements internes que la rêverie éteignait en moi et suffisaient pour me faire sentir avec plaisir mon existence, sans prendre la peine de penser. »

dans le grand rythme universel. C'est en s'y fondant que l'homme découvre ce mouvement régulier et profond, qui est le véritable repos.

De tous les éléments, l'eau est le plus capable de faire sentir le rythme apaisant des choses. C'est pourquoi Rousseau situe au bord d'un lac la plus parfaite de ses rêveries, celle où tout son être intime se défait pour laisser la conscience envahie par le sentiment de l'existence. De temps en temps, l'enchantement est sur le point de se rompre. Au lieu de ne se prêter qu'à la sensation *auditive*, qui suffit à lui transmettre tout le mouvement et tout le repos de la nature, Rousseau, succombant à une habitude d'homme civilisé, cesse d'*entendre* l'eau pour la *voir*. Alors, semblable à l'Adonis de La Fontaine et à tous les bergers de la pastorale, qui ne rencontrent jamais un ruisseau sans comparer son écoulement à celui de la vie humaine, il s'abandonne lui aussi à une « faible et courte réflexion sur l'instabilité des choses de ce monde ». La rêverie cesse d'être existentielle pour devenir intellectuelle et de pure convention : c'est une banale rêverie de poète qui s'amorce. Mais heureusement l'image de l'eau en mouvement, qui a suscité la méditation, s'efface presque aussitôt et se résorbe dans le mouvement même, dont l'ouïe est à nouveau la seule avertie. L'extase, définitivement délestée de toute pensée, peut alors renaître et le rêveur se perdre dans l'enivrement quasi organique de l'existence pure.

Rousseau découvre, dans les *Rêveries, l'existence parfaite*, qui se suffit à elle-même et n'entretient aucune relation avec les facultés de l'âme. À peine liée au corps, pour ne pas sombrer, elle demeure totalement détachée du cœur et de l'esprit [1].

---

1. C'est ce qui distingue la rêverie de Rousseau de la rêverie romantique (note de R. Mauzi).

Robert Ricatte,
Réflexions sur les « Rêveries » [1]

Cet essai propose un parcours exhaustif du recueil, mettant en lumière les zones d'ombre des *Rêveries*, mais aussi la recherche de l'harmonie entre soi et le monde, qui reste à l'horizon des dernières promenades. Ainsi se dégagent d'une lecture suivie de la septième et la huitième promenade les conditions du « bonheur dans la persécution » qui est le lot de Jean-Jacques.

C'est encore de bonheur que s'occupe la huitième promenade. Après le bonheur dans la solitude fleurie, voici le bonheur malgré les autres : c'est la condition négative de cette félicité dont la précédente *Promenade* avait fourni une forme positive. Comment Rousseau peut-il exorciser le malheur qui semble s'attacher à l'objet d'une universelle persécution ?

Ce thème, qui n'est jamais loin, entrait déjà en composition dans le bonheur d'herboriser, la joie d'être hors de portée de ses ennemis faisant pour Rousseau une grande partie du charme de ses promenades botaniques. Il est plus étrange que justement les deux seuls souvenirs d'herborisation qu'il évoque soient des exemples où l'herborisation jette Jean-Jacques dans la gueule du loup. À la Robaila, il ne s'est enfoncé « dans les anfractuosités de la montagne » que pour aller donner sur les séides du « prédicant Montmollin ». À Grenoble, le trop poli Bovier attendait paisiblement que l'herborisateur s'empoisonnât avec le produit de sa cueillette. Ces deux récits suggèrent à la fin de cette promenade ce qui va être l'objet de la suivante. S'il est vrai que jusque parmi les fleurs, quelque chose d'amer surgit toujours, il faut dire comment l'on est par-

---

1. Corti, 1962, p. 107-111.

venu à s'en accommoder. Inversement, dans la huitième promenade, consacrée à ce bon usage de la persécution, les « fleurs et les étamines » dont Rousseau se dit occupé et les « objets instructifs et même agréables auxquels [il] livre avec délices [son] esprit et [ses] sens » viennent rappeler le thème de l'herborisation.

Les deux promenades font corps ; la vocation du bonheur, à quoi répondait l'herborisation de la septième est triomphalement évoquée à la fin de la huitième : « Au premier instant de relâche, je redeviens ce que la nature a voulu, c'est là [...] mon état le plus constant et celui par lequel en dépit de la destinée je goûte *un bonheur pour lequel je me sens constitué.* » Cet état euphorique préservé envers et contre tout, Rousseau par une allusion nous indique où nous pourrons en trouver la définition : « J'ai décrit cet état dans une de mes rêveries. » Tous les critiques s'accordent à voir là une référence à la cinquième promenade, à cet état permanent d'absorption dans l'existence dont le séjour à Saint-Pierre lui a fourni le modèle. Ainsi se situe dans l'ensemble de l'œuvre ce bloc de la septième et de la huitième promenade : comme un retour en mineur à l'analyse du bonheur organisée naguère autour du séjour à l'île Saint-Pierre.

Mais il faut marquer les différences. La cinquième promenade, mise en face du texte des *Confessions*, montrait une piété détournée de son objet, passant de Dieu au moi. Du moins Dieu et le ciel constituaient-ils des termes de référence, et l'image même du bonheur. Une sorte d'apothéose ennoblissait l'évocation de ce bonheur : « Tant que cet état dure on se suffit à soi-même comme Dieu. » Rousseau se sentait presque devenir Dieu. Ou un ange, du moins : s'il pouvait retourner à l'île Saint-Pierre, disait-il, « mon âme s'élancerait fréquemment au-dessus de cette atmosphère, et commercerait d'avance avec les intelligences célestes dont elle espère aller augmenter le nombre dans peu de temps ». Cette anticipation du Paradis prenait une forme presque provocante, comme il sied à un homme à qui les suites de l'accident de Ménil-montant ont dévoilé, d'après la seconde *Rêverie*, que Dieu avait lui-même organisé les manœuvres des faux amis du nouveau Job pour mieux assurer le triomphe de son élu. Or ce qui nous frappe dans la huitième promenade, qui reprend à la fois le thème du bonheur et celui de la persécution, c'est que la dialectique s'y est, si j'ose dire, laïcisée, par rapport à la cinquième et à la seconde promenade. L'apparente confusion des thèmes masque à pre-mière vue cette métamorphose, mais pour peu qu'on relise cette *Rêverie*, après un préambule où s'affirme, par vagues redoublées, le paradoxe du bonheur dans la persécution, on voit se dessiner nettement les trois causes de ce bonheur. Tout d'abord Rousseau a cessé de souffrir dès qu'il a découvert que les hommes étaient par rapport à lui de pures mécaniques, dépourvues de ces intentions qui nous blessent. Puis il s'est aperçu que ce qui regimbait encore en lui était son amour-propre ; cette simple découverte transforme celui-ci en amour de soi, dont les ressources font toutes les occupations actuelles de Jean-Jacques, qu'il herborise, qu'il fabule ou qu'il se sente exister. Enfin son naturel indolent et versatile fait le reste : le tumulte intérieur inévitable que la rencontre des visages hostiles soulève, retombe de lui-même et laisse Rousseau à cet état permanent de contente-ment pour lequel il est fait.

Dossier

C'est dans un tout autre contexte, celui du discours sur l'art, que Diderot rapporte ses promenades et retrace les extases qu'il éprouve devant les paysages grandioses. Ainsi pour parler des toiles de Vernet•, il imagine une promenade à travers les montagnes, où chaque site sera décrit comme une œuvre d'art. Pour jouir de la beauté des choses, le philosophe esthète transforme « l'œuvre de nature en une production de l'art » – démarche radicalement opposée, comme on le voit, à celle de Rousseau. Si Diderot peuple lui aussi le paysage de créatures imaginaires qui parlent à son âme, c'est pour ajouter à l'émotion de la scène : il anime l'espace selon une esthétique théâtrale. Dans ces moments d'extase où le temps est suspendu, le spectateur s'absorbe dans la contemplation du beau, qui devient, dans le « quatrième site » de la « Promenade Vernet », contemplation de soi.

• *Joseph Vernet (1714-1789), réputé pour ses marines et ses paysages alpestres, connut son heure de gloire dans les années 1760. Il est célébré par Diderot dans le* Salon de 1767.

Deuxième site

[...] Devant moi, comme du sommet d'un précipice, j'apercevais les deux côtés, le milieu, toute la scène imposante que je n'avais qu'entrevue du bas des montagnes. J'avais à dos une campagne immense qui ne m'avait été annoncée que par l'habitude d'apprécier les distances entre les objets interposés. Ces arches que j'avais en face, il n'y a

1. Hermann, 1995, p. 182-184 et p. 191.

qu'un moment, je les avais sous mes pieds. Sous ces arches descendait à grand bruit un large torrent. Ses eaux interrompues, accélérées, se hâtaient vers la plage du site la plus profonde. Je ne pouvais m'arracher à ce spectacle mêlé de plaisir et d'effroi. Cependant je traverse cette longue fabrique, et me voilà sur la cime d'une chaîne de montagnes parallèles aux premières. [...] Je m'avance le long de la rive du lac formé par les eaux du torrent, jusqu'au milieu de la distance qui sépare les deux chaînes, je regarde, je vois le pont de bois à une hauteur et dans un éloignement prodigieux. Je vois, depuis ce pont, les eaux du torrent arrêtées dans leur cours par des espaces de terrasses naturelles ; je les vois tomber en autant de nappes qu'il y a de terrasses et former une merveilleuse cascade. Je les vois arriver à mes pieds, s'étendre et remplir un vaste bassin. Un bruit éclatant me fait regarder à ma gauche. C'est celui d'une chute d'eaux qui s'échappent d'entre des plantes et des arbustes qui couvrent le haut d'une roche voisine et qui se mêlent en tombant aux eaux stagnantes du torrent. Toutes ces masses de roches hérissées de plantes vers leurs sommets sont tapissées à leur penchant de la mousse la plus verte et la plus douce. Plus près de moi, presque au pied des montagnes de la gauche s'ouvre une large caverne obscure. Mon imagination échauffée place à l'entrée de cette caverne une jeune fille qui en sort avec un jeune homme. Le jeune homme tient un des bras de la jeune fille sous le sien. Elle a la tête détournée du jeune homme ; elle a couvert ses yeux de sa main libre, comme si elle craignait de revoir la lumière et de rencontrer les regards du jeune homme. Mais si ces personnages n'y étaient pas, il y avait proche de moi, sur la rive du grand bassin, une femme qui se reposait avec son chien à côté d'elle. En suivant la même rive, à gauche, sur une petite plage plus élevée, un groupe d'hommes et de femmes, tel qu'un peintre intelligent l'aurait imaginé ; plus loin un paysan debout. Je le voyais de face, et il me paraissait indiquer de la main la route à quelque habitant d'un canton éloigné. J'étais immobile ; mes regards erraient sans s'arrêter sur aucun objet ; mes bras tombaient à mes côtés. J'avais la bouche entrouverte. Mon conducteur [1] respectait mon admiration et mon silence. Il était aussi heureux, aussi vain que s'il eût été le propriétaire ou même le créateur de ces merveilles. Je ne vous dirai point quelle fut la durée de mon enchantement. L'immobilité des êtres, la solitude du lieu, son silence profond suspend [2] le temps. Il n'y en a plus. Rien ne le mesure. L'homme devient comme éternel.

Quatrième site

J'en étais là de ma rêverie, nonchalamment étendu dans un fauteuil, laissant errer mon esprit à son gré ; état délicieux, où l'âme est honnête sans réflexion, l'esprit juste et délicat sans effort ; où l'idée, le sentiment semblent naître en nous de lui-même, comme d'un sol heureux ; mes yeux étaient attachés sur un paysage admirable, et je disais : « L'abbé [3] a raison, nos artistes n'y entendent rien, puisque le spectacle de leurs plus belles productions ne m'a jamais fait éprouver le délire que j'éprouve ; le plaisir d'être à moi, le plaisir de me reconnaître aussi bon que je le suis, le plaisir de me voir et de me complaire, le plaisir plus doux encore de m'oublier. Où suis-je dans ce moment ? Qu'est-ce qui m'environne ? Je ne le sais, je l'ignore. Que me manque-t-il ? Rien. Que désiré-je ? Rien. S'il est un Dieu, c'est ainsi qu'il est. Il jouit de lui-même. »

GOETHE, *Les Souffrances du jeune Werther* [4]

Grand admirateur de Rousseau et notamment de *La Nouvelle Héloïse*, Goethe est un jeune étudiant en droit de vingt-cinq ans lorsqu'il publie son *Werther*, un des plus grands succès européens. Ce roman illustre

1. Guide.
2. Accord du verbe avec le sujet proche (latinisme).
3. Le compagnon de promenade de Diderot.
4. GF-Flammarion, 1991, p. 48-49 et 52-53.

toute une thématique caractéristique du *Sturm und Drang*•. Le désespoir amoureux va de pair avec le désenchantement du monde et le dégoût profond des compromis imposés par la société. Les rêveries du héros sont donc très différentes de celles de Jean-Jacques : l'épanchement lyrique et la poésie de la nature vont céder la place aux « sombres désirs » et aux idées de suicide.

• Sturm und Drang : *mouvement culturel constituant une première forme de Romantisme dans les pays allemands, et que l'on peut traduire par « violence et passion ».*

10 mai

Il règne dans mon âme tout entière une merveilleuse sérénité, semblable à ces douces matinées de printemps que je savoure de tout mon cœur. Je suis seul et je goûte la joie de vivre dans cette contrée qui est faite pour des âmes comme la mienne. Je suis si heureux, mon très cher, je suis à ce point plongé dans le sentiment de cette existence paisible que mon art en souffre. Actuellement je ne pourrais pas dessiner, pas même tracer un trait et pourtant jamais je n'ai été un plus grand peintre qu'en ce moment. Quand les vapeurs de ma chère vallée s'élèvent autour de moi, quand les feux du soleil au zénith reposent sur les impénétrables ténèbres de ma forêt, si bien que seuls quelques rayons épars se glissent furtivement à l'intérieur du sanctuaire ; quand, allongé dans l'herbe haute, près du ruisseau qui dévale, et plus proche de la terre, je découvre des milliers d'herbes diverses ; quand je sens plus près de mon cœur le grouillement du petit monde qui s'agite entre les brins d'herbe, les formes innombrables et insondables des vermisseaux et moucherons ; et quand alors je sens la présence du Tout-Puissant, qui nous a créés à son image, le souffle de l'Être d'amour qui, voguant dans une éternelle béatitude, nous porte et nous soutient ; mon ami ! lorsque mes yeux sont noyés de brume et que le monde qui m'entoure et le ciel tout entier reposent en mon âme comme l'image d'une bien-aimée, alors souvent je ne suis plus que nostalgie et je songe : ah ! que ne peux-tu exprimer tout cela ! que ne peux-tu insuffler au papier ce qui vit en toi avec tant de plénitude, tant de chaleur, pour que cela devienne le miroir de ton âme, comme ton âme est le miroir du Dieu infini !... Mon ami... Mais je sens que je succombe sous la puissance et la majesté de ces apparitions. [...]

22 mai

La vie humaine n'est qu'un songe ; voilà une idée qui est déjà venue à plus d'un homme, un sentiment qui m'accompagne aussi en tout lieu. Quand je considère les limitations imposées à nos forces actives et à nos recherches, quand je constate que tous nos efforts tendent à nous procurer la satisfaction de besoins qui à leur tour n'ont pas d'autre objet que de prolonger notre pauvre existence, et que sur certains points de nos recherches tout apaisement n'est qu'une rêveuse résignation, car nous ne faisons que peindre de figures variées et de perspectives lumineuses les murs de notre prison... Tout cela, Wilhelm, me rend muet. Je rentre en moi-même et j'y trouve tout un monde. Mais à vrai dire il est pressentiment et désir obscur plus que vision et force vivante. Et alors, tout flotte devant mes sens et ainsi, souriant et rêvant, je poursuis ma route dans l'univers.

JEAN STAROBINSKI, *J.-J. ROUSSEAU. LA TRANSPARENCE ET L'OBSTACLE* [1]

Ce livre propose une relecture de l'œuvre de Rousseau à partir d'un mythe fondateur dans la vie et la pensée de l'auteur : la perte de la transparence – transparence des cœurs, transparence du langage. Frustré dans son désir de communication, Jean-Jacques se replie « dans la résignation passive et dans la certitude de son innocence ». Les *Rêveries* apportent un ultime témoignage de cette position singulière adoptée par Rousseau.

Décrivant les extases du lac de Bienne, il semble

1. Gallimard, 1971, p. 307-309.

que Jean-Jacques veuille appauvrir le sensible, en le limitant à un mouvement monotone et régulier ; l'activité propre de la conscience s'amenuise jusqu'à ne laisser subsister que la pure présence à soi : une étroite correspondance s'établit entre l'atténuation de la pensée et le murmure tranquille de l'eau. Mais ni l'activité mentale ni la présence du monde ne sont abolis : ils sont réduits à une extrême ténuité. Le sentiment de l'existence émerge de cette double atténuation qui est presque un double anéantissement, mais qui pourtant s'arrête à la limite du silence et du rien. Ce qui reste visible des choses et du moi n'est alors nullement leur essence secrète et profonde, mais leur surface – le calme innocent et précaire de leur surface. (Le malheur reprendra prise sitôt que les « profondeurs » seront remuées.) Les conditions de l'extase sont décrites comme une légère agitation superficielle qui se déroule parallèlement dans les choses et dans l'âme. Mais la surface annonce une mystérieuse et simple puissance qui la *soutient* et qui assure à l'âme le repos de la plénitude. Tout se passe comme si l'on ne pouvait connaître la présence – l'existence – qu'en se faisant infiniment absent.

Rouvrons le texte de la cinquième Rêverie. Un moment, Rousseau parle d'*écarter* tout ce qui n'est pas le « sentiment de l'existence » dans son état le plus cristallin et le plus nu : la pensée, le monde sensible sont superflus. La sensation elle-même constituerait un obstacle et, loin de nous donner des jouissances immédiates, elles nous séparerait d'un immédiat plus central et plus pur qui est sans forme et sans figure. Car l'existence est un immédiat *senti* qui se situe en deçà de la diversité chatoyante de l'expérience sensuelle. Comme s'il choisissait la voie de l'ascèse, Rousseau refuse les images et s'efforce de rejoindre quelque chose de plus originel et de plus frugal :

> Le sentiment de l'existence *dépouillé de toute autre affection* est par lui-même un sentiment précieux de contentement et de paix, qui suffirait seul pour rendre cette existence chère et douce à qui saurait *écarter de soi toutes les impressions sensuelles et*

terrestres qui viennent sans cesse nous en distraire et en troubler ici-bas la douceur.

Mais, quelques lignes plus loin, Rousseau réintroduit le monde sensible, dont la présence redevient nécessaire à ses « douces extases ». Il faut que nous nous soumettions à la magie d'une sensibilité de *surface*, sans prêter attention ni à la pleine réalité du monde extérieur, ni aux profondeurs de notre âme :

> Il faut que le cœur soit en paix et qu'aucune passion n'en vienne troubler le calme. Il y faut des dispositions de la part de celui qui les éprouve, il en faut *dans le concours des objets environnants*. Il n'y faut ni un repos absolu ni trop d'agitation, mais un mouvement uniforme et modéré qui n'ait ni secousses ni intervalles. Sans mouvement la vie n'est qu'une léthargie. Si le mouvement est inégal ou trop fort il réveille ; *en nous rappelant aux objets environnants*, il détruit le charme de la rêverie, et nous arrache *d'au-dedans de nous* pour nous remettre à l'instant sous le joug de la fortune et des hommes et nous rendre au sentiment de nos malheurs. Un silence absolu porte à la tristesse. Il offre une image de la mort. Alors le secours d'une imagination riante est nécessaire et se présente assez naturellement à ceux que le ciel en a gratifiés. Le mouvement qui ne vient pas du dehors se fait alors au-dedans de nous. Le repos est moindre, il est vrai, mais il est aussi plus agréable quand de *légères et douces idées, sans agiter le fond de l'âme, ne font pour ainsi dire qu'en effleurer la surface.*

Voici réhabilités l'imaginaire et le sensible, dont Rousseau semblait vouloir se dépouiller entièrement, au nom du pur sentiment de l'existence. Il semblait redouter tout ce qui distrait, et maintenant il développe une véritable théorie de la distraction, qui veut que nous subissions les « objets environnants » sans être présents à eux (il faut *le concours des objets environnants*, mais malheur à nous si un mouvement trop fort *nous rappelle aux objets environnants*). Il nous invite à demeurer *au-dedans de nous*, sans pourtant que rien ne touche et n'agite *le fond de l'âme*. Tout se passe comme si le sentiment de l'existence s'offrait non pas comme la récompense d'une attention profonde à soi et au monde, mais au contraire comme le fruit miraculeux de l'oubli de soi et du monde. La suprême volupté et la plus haute sagesse consistent à se laisser fasciner par l'*apparence* la plus superficielle, grâce à quoi la profondeur dévoilera sa présence. Pour connaître la transparence du cristal ou celle du lac, il faut se confier aux reflets de leur surface, même s'il est vrai que le reflet trahit un défaut de la transparence.

ROUSSEAU, *LETTRES À MALESHERBES*
(JANVIER 1762) [1]

• *Directeur de la Librairie de France et magistrat éclairé, Malesherbes (1721-1794) fut un défenseur des Encyclopédistes.*

En décembre 1761, les idées délirantes s'emparent de Rousseau lorsqu'il apprend que l'*Émile* s'imprime à Paris ; il en fait part à Malesherbes• qui cherche à l'apaiser en mettant le mal sur le compte de la « mélancolie » de l'écrivain. Cette réponse détermine Jean-Jacques à dresser son autoportrait en quatre lettres qui constituent la première ébauche des *Confessions*. Tous les thèmes de l'entreprise autobiographique y figurent : farouche désir d'indépendance, conviction de l'innocence, malheurs de la condition d'auteur, goût pour la solitude. Dans la troisième lettre, Rousseau décrit l'emploi de ses journées durant sa retraite à l'Ermitage de Montmorency en 1756, et le rôle qu'y jouent les rêveries bucoliques – que l'on comparera, par exemple, à la septième promenade.

À Montmorency, le 26 janvier 1762

[...] Je ne saurais vous dire Monsieur combien j'ai été touché de voir que vous m'estimiez le plus malheureux des hommes. Le public sans doute en jugera comme vous, et c'est encore ce qui m'afflige. Ô que le sort dont j'ai joui n'est-il connu de tout l'univers ! Chacun voudrait s'en faire un semblable ; la paix régnerait sur la terre ; les hommes

1. Gallimard, Bibliothèque de la Pléiade, 1959, p. 1138-1140.

ne songeraient plus à se nuire, et il n'y aurait plus de méchants quand nul n'aurait intérêt à l'être. Mais de quoi jouissais-je enfin quand j'étais seul ? De moi, de l'univers entier, de tout ce qui est, de tout ce qui peut être, de tout ce qu'a de beau le monde sensible, et d'imaginable le monde intellectuel : je rassemblais autour de moi tout ce qui pouvait flatter mon cœur, mes désirs étaient la mesure de mes plaisirs. Non jamais les plus voluptueux n'ont connu de pareilles délices, et j'ai cent fois plus joui de mes chimères qu'ils ne font de la réalité.

[...] Quels temps croiriez-vous Monsieur que je me rappelle le plus souvent et le plus volontiers dans mes rêves ? Ce ne sont point les plaisirs de ma jeunesse, ils furent trop rares, trop mêlés d'amertume, et sont déjà trop loin de moi. Ce sont ceux de ma retraite, ce sont mes promenades solitaires, ce sont ces jours rapides mais délicieux que j'ai passés tout entier avec moi seul, avec ma bonne et simple gouvernante, avec mon chien bien-aimé, ma vieille chatte, avec les oiseaux de la campagne et les biches de la forêt, avec la nature entière et son inconcevable auteur. En me levant avant le soleil pour aller voir, contempler son lever dans mon jardin, quand je voyais commencer une belle journée, mon premier souhait était que ni lettres ni visites n'en vinssent troubler le charme. Après avoir donné la matinée à divers soins que je remplissais tous avec plaisir, parce que je ne pouvais les remettre à un autre temps, je me hâtais de dîner pour échapper aux importuns, et me ménager un plus long après-midi. Avant une heure, même les jours les plus ardents je partais par le grand soleil avec le fidèle Achate pressant le pas dans la crainte que quelqu'un ne vînt s'emparer de moi avant que j'eusse pu m'esquiver ; mais quand une fois j'avais pu doubler un certain coin, avec quel battement de cœur, avec quel pétillement de joie je commençais à respirer en me sentant sauvé, en me disant : Me voila maître de moi pour le reste de ce jour ! J'allais alors d'un pas plus tranquille chercher quelque lieu sauvage dans la forêt, quelque lieu désert où rien ne montrant la main des hommes n'annonçât la servitude et la domination, quelque asile où je pusse croire avoir pénétré le premier et où nul tiers importun ne vînt s'interposer entre la nature et moi. C'était là qu'elle semblait déployer à mes yeux une magnificence toujours nouvelle. L'or des genêts, et la pourpre des bruyères frappaient mes yeux d'un luxe qui touchait mon cœur, la majesté des arbres qui me couvraient de leur ombre, la délicatesse des arbustes qui m'environnaient, l'étonnante variété des herbes et des fleurs que je foulais sous mes pieds tenaient mon esprit dans une alternative continuelle d'observation et d'admiration : le concours de tant d'objets intéressants qui se disputaient mon attention, m'attirant sans cesse de l'un à l'autre, favorisaient mon humeur rêveuse et paresseuse, et me faisait souvent redire en moi-même : Non, Salomon dans toute sa gloire ne fut jamais vêtu comme l'un d'eux.

Mon imagination ne laissait pas longtemps déserte la terre ainsi parée. Je la peuplais bientôt d'êtres selon mon cœur, et chassant bien loin l'opinion, les préjugés, toutes les passions factices, je transportais dans les asiles de la nature des hommes dignes de les habiter. Je m'en formais une société charmante dont je ne me sentais pas indigne. Je me faisais un siècle d'or à ma fantaisie et remplissant ces beaux jours de toutes les scènes de ma vie qui m'avaient laissé de doux souvenirs, et de toutes celles que mon cœur pouvait désirer encore, je m'attendrissais jusqu'aux larmes sur les vrais plaisirs de l'humanité, plaisirs si délicieux, si purs et qui sont désormais si loin des hommes. Ô si dans ces moments quelque idée de Paris, de mon siècle et de ma petite gloriole d'auteur venait troubler mes rêveries, avec quel dédain je la chassais à l'instant pour me livrer sans distraction aux sentiments exquis dont mon âme était pleine ! Cependant au milieu de tout cela je l'avoue, le néant de mes chimères venait quelquefois la contrister tout à coup. Quand tous mes rêves se seraient tournés en réalités ils ne m'auraient pas suffi ; j'aurais imaginé, rêvé, désiré encore. Je trouvais en moi un vide inexplicable que rien n'aurait pu remplir ; un certain élancement du cœur vers une autre sorte de jouissance dont je n'avais pas d'idée et dont pourtant je sentais le besoin. Hé bien Monsieur cela même était jouissance, puisque j'en étais pénétré d'un sentiment très vif et d'une tristesse attirante que je n'aurais pas voulu ne pas avoir.

CHATEAUBRIAND, *MÉMOIRES D'OUTRE-TOMBE* [1]

C'est au cours d'une promenade solitaire qu'a lieu l'épisode célèbre du chant de la grive, souvent rapproché de celui des pervenches que retrouve Jean-Jacques au début du livre VI des *Confessions*. Dans ces deux expériences de la mémoire involontaire, tout un monde intérieur est recréé par la sensation. Chez Chateaubriand dominent la nostalgie et le poids d'une destinée inscrite dans l'Histoire, tandis que chez Rousseau, la rêverie sur l'automne (deuxième promenade) reste une conversation avec soi-même, sur le mode intimiste.

Montboissier, juillet 1817

Hier au soir je me promenais seul ; le ciel ressemblait à un ciel d'automne ; un vent froid soufflait par intervalles. À la percée d'un fourré, je m'arrêtai pour regarder le soleil : il s'enfonçait dans des nuages au-dessus de la tour d'Alluye, d'où Gabrielle [*], habitante de cette tour, avait vu comme moi le soleil se coucher il y a deux cents ans. Que sont devenus Henri et Gabrielle ? Ce que je serai devenu quand ces *Mémoires* seront publiés.

Je fus tiré de mes réflexions par le gazouillement d'une grive perchée sur la plus haute branche d'un bouleau. À l'instant, ce son magique fit reparaître à mes yeux le domaine paternel ; j'oubliai les catastrophes dont je venais d'être le témoin, et, transporté subitement dans le passé, je revis ces campagnes où j'entendis si souvent siffler la grive.

[*] *Gabrielle d'Estrée, maîtresse de Henri IV.*

1. III, 1, GF-Flammarion, 1997, p. 134-135.

Quand je l'écoutais alors, j'étais triste de même qu'aujourd'hui ; mais cette première tristesse était celle qui naît d'un désir vague de bonheur, lorsqu'on est sans expérience ; la tristesse que j'éprouve actuellement vient de la connaissance des choses appréciées et jugées. Le chant de l'oiseau dans les bois de Combourg m'entretenait d'une félicité que je croyais atteindre ; le même chant dans le parc de Montboissier me rappelait des jours perdus à la poursuite de cette félicité insaisissable. Je n'ai plus rien à apprendre, j'ai marché plus vite qu'un autre, et j'ai fait le tour de la vie. Les heures fuient et m'entraînent ; je n'ai pas même la certitude de pouvoir achever ces *Mémoires*. Dans combien de lieux ai-je déjà commencé à les écrire, et dans quel lieu les finirai-je ? Combien de temps me promènerai-je au bord des bois ? Mettons à profit le peu d'instants qui me restent ; hâtons-nous de peindre ma jeunesse, tandis que j'y touche encore : le navigateur, abandonnant pour jamais un rivage enchanté, écrit son journal à la vue de la terre qui s'éloigne et qui va bientôt disparaître.

PROUST, *LE TEMPS RETROUVÉ* [1]

Les expériences de mémoire involontaire illustrées par différents épisodes de *La Recherche du temps perdu* (dont le plus célèbre est celui de la madeleine, dans *Du côté de chez Swann*) participent d'une tradition romantique et symboliste, selon laquelle l'artiste retrouve l'essence de sa vie par le souvenir. « Jouir de l'essence des choses » en dehors du temps : cette conquête du narrateur est aussi une victoire sur la mort dans *Le Temps retrouvé*. Dans le salon des Guermantes, il décrit ainsi « un peu de temps à l'état pur ».

Rien qu'un moment du passé ? Beaucoup plus, peut-être ; quelque chose qui, commun à la fois au

1. GF-Flammarion, 1994, p. 262-263.

passé et au présent, est beaucoup plus essentiel qu'aux deux. Tant de fois, au cours de ma vie, la réalité m'avait déçu parce qu'au moment où je la percevais mon imagination, qui était mon seul organe pour jouir de la beauté, ne pouvait s'appliquer à elle, en vertu de la loi inévitable qui veut qu'on ne puisse imaginer que ce qui est absent. Et voici que soudain l'effet de cette dure loi s'était trouvé neutralisé, suspendu, par un expédient merveilleux de la nature, qui avait fait miroiter une sensation – bruit de la fourchette et du marteau, même titre de livre, etc. – à la fois dans le passé, ce qui permettait à mon imagination de la goûter, et dans le présent où l'ébranlement effectif de mes sens par le bruit, le contact du linge, etc. avait ajouté aux rêves de l'imagination ce dont ils sont habituellement dépourvus, l'idée d'existence – et grâce à ce subterfuge avait permis à mon être d'obtenir, d'isoler, d'immobiliser – la durée d'un éclair – ce qu'il n'appréhende jamais : un peu de temps à l'état pur. L'être qui était rené en moi quand, avec un tel frémissement de bonheur, j'avais entendu le bruit commun à la fois à la cuiller qui touche l'assiette et du marteau qui frappe sur la roue, à l'inégalité pour les pas des pavés de la cour Guermantes et du baptistère de Saint-Marc, etc., cet être-là ne se nourrit que de l'essence des choses, en elle seulement il trouve sa subsistance, ses délices. Il languit dans l'observation du présent où les sens ne peuvent la lui apporter, dans la considération d'un passé que l'intelligence lui dessèche, dans l'attente d'un avenir que la volonté construit avec des fragments du présent et du passé auxquels elle retire encore de leur réalité en ne conservant d'eux que ce qui convient à la fin utilitaire, étroitement humaine, qu'elle leur assigne. Mais qu'un bruit, qu'une odeur, déjà entendu ou respirée jadis, le soient de nouveau, à la fois dans le présent et dans le passé, réels sans être actuels, idéaux sans être abstraits, aussitôt l'essence permanente et habituellement cachée des choses se trouve libérée, et notre vrai moi qui, parfois depuis longtemps, semblait mort, mais ne l'était pas entièrement, s'éveille, s'anime en recevant la céleste nourriture qui lui est apportée. Une minute affranchie de l'ordre du temps a recréé en nous pour la sentir l'homme affranchi de l'ordre du temps. Et celui-là, on comprend qu'il soit confiant dans sa joie, même si le simple goût d'une madeleine ne semble pas contenir logiquement les raisons de cette joie, on comprend que le mot de « mort » n'ait pas de sens pour lui ; situé hors du temps, que pourrait-il craindre de l'avenir ?

« LES AMITIÉS VÉGÉTALES » : ROUSSEAU HERBORISTE [1]

À travers le vide et la pureté d'une conscience profondément désœuvrée, les objets naturels peuvent innocemment transparaître, se rendre apparents sans que rien ne les ait défigurés. Et Rousseau, parmi les objets sensibles, choisit les plus innocents de tous, les êtres en qui la vie ne contredit pas l'innocence : les plantes. « Je ne cherche point à "instruire" » (septième promenade) : cette activité ne vise à atteindre aucun savoir, ni aucun pouvoir pratique. Rousseau ne s'intéresse pas à l'usage des plantes, il se refuse à voir en elles des moyens qu'il subordonnerait à quelque fin extérieure. Cela est significatif. Aux yeux de Rousseau, la plante est à elle-même sa fin immédiate, et le seul but lointain qu'il consente à envisager, c'est la totalité bien close de l'herbier, la collection qui coïncide avec le système préétabli, et où chaque espèce s'illustre par son spécimen. Jean-Jacques ne veut rien savoir des propriétés médicinales. Il passe rapidement sur les plantes « qui empoisonnent ». (Ces messieurs ne lui imputent-ils pas déjà une excessive connaissance des herbes vénéneuses ?) Auprès des végétaux, qui attestent la pureté de la nature, Jean-Jacques se purifie lui-même : tout se passe comme si l'innocence végétale avait le pouvoir magique d'innocenter le contemplateur. Et si la plante desséchée devient le *signe mémoratif* qui rappelle à

Dossier

---

1. Jean Starobinski, *J.-J. Rousseau. La Transparence et l'obstacle*, p. 280-281.

Jean-Jacques la lumière d'un paysage et d'une belle journée, si elle fait surgir un état d'âme du passé dans la conscience actuelle, la plante aura *servi*, mais à une fin purement intérieure : elle aura rendu Jean-Jacques à Jean-Jacques. Le *signe mémoratif* est donc une médiation, mais qui intervient pour établir la présence immédiate du souvenir. On peut parler ici de médiation régressive, puisque loin de provoquer un dépassement de l'expérience sensible, elle consiste à la réveiller dans son intégralité ; il ne s'agit que de revivre un moment antérieur, tel qu'il fut vécu, sans y surajouter (comme le fera Proust) un effort de connaissance qui chercherait à saisir l'essence du temps. La fleur sèche, plus efficace que toute réflexion, provoque le surgissement spontané d'une image verdoyante du passé dans une conscience qui se veut passive. Retrouvée dans l'herbier, elle renvoie Jean-Jacques à lui-même et à son bonheur lointain, à la belle journée où il s'est mis en route pour découvrir le spécimen rare qui lui manquait.

LE THÈME DE LA PERSÉCUTION [1]

• *Figure de rhétorique par laquelle on fait parler et agir une personne que l'on évoque, un absent, un mort, un animal ou encore une chose personnifiée.*

Le troisième dialogue contient la pathétique prosopopée• de Jean-Jacques, rapportée par Rousseau au Français. On y trouve la thématique de la persécution et du renoncement à la société des hommes, qui formera la matière de la première promenade.

Si ma mémoire devait, dit-il [Jean-Jacques], s'éteindre avec moi, je me consolerais d'avoir été si mal connu des hommes, dont je serais bientôt oublié, mais puisque mon existence doit être connue après moi par mes livres et bien plus par mes malheurs, je ne me trouve point, je l'avoue, assez de résignation pour penser sans impatience, moi qui me sens meilleur et plus juste qu'aucun homme qui me soit connu, qu'on ne se souviendra de moi que comme d'un monstre, et que mes écrits où le cœur qui les dicta est empreint à chaque page passeront pour les déclamations d'un Tartuffe qui ne cherchait qu'à tromper le public. Qu'auront donc servi [2] mon courage et mon zèle si leurs monuments loin d'être utiles aux bons ne font qu'aigrir et fomenter l'animosité des méchants, si tout ce que l'amour de la vertu m'a fait dire sans crainte et sans intérêt ne fait à l'avenir comme aujourd'hui qu'exciter contre moi la prévention et la haine, et ne produit jamais aucun bien ; si au lieu des bénédictions qui m'étaient dues, mon nom que

1. *Rousseau juge de Jean-Jacques, Dialogues* (1772-1776), Gallimard, Bibliothèque de la Pléiade, 1959, p. 952-954.
2. À quoi auront servi.

tout devait rendre honorable n'est prononcé dans l'avenir qu'avec imprécation [1] ! Non, je ne supporterais jamais une si cruelle idée ; elle absorberait tout ce qui me reste de courage et de constance. Je consentirais sans peine à ne point exister dans la mémoire des hommes, mais je ne puis consentir, je l'avoue, à y rester diffamé ; non, le Ciel ne le permettra point, et dans quelque état que m'ait réduit la destinée, je ne désespérerai jamais de la providence, sachant bien qu'elle choisit son heure et non pas la nôtre, et qu'elle aime à frapper son coup au moment qu'on ne l'attend plus. Ce n'est pas que je donne encore aucune importance, et surtout par rapport à moi, au peu de jours qui me restent à vivre, quand même j'y pourrais voir renaître pour moi toutes les douceurs dont on a pris peine à tarir le cours. J'ai trop connu la misère des prospérités humaines pour être sensible à mon âge à leur tardif et vain retour, et quelque peu croyable qu'il soit, il leur serait encore plus aisé de revenir qu'à moi d'en reprendre le goût. Je n'espère plus et je désire très peu de voir de mon vivant la révolution qui doit désabuser le public sur mon compte. Que mes persécuteurs jouissent en paix, s'ils peuvent, toute leur vie du bonheur qu'ils se sont fait des misères de la mienne. Je ne désire de les voir ni confondus ni punis, et pourvu qu'enfin la vérité soit connue, je ne demande point que ce soit à leurs dépens : mais je ne puis regarder comme une chose indifférente aux hommes le rétablissement de ma mémoire et le retour de l'estime publique qui m'était due. Ce serait un trop grand malheur pour le genre humain que la manière dont on a procédé à mon égard servît de modèle et d'exemple, que l'honneur des particuliers dépendît de tout imposteur adroit, et que la société, foulant aux pieds les plus saintes lois de la justice, ne fût plus qu'un ténébreux brigandage de trahisons secrètes et d'impostures adoptées sans confrontation, sans contradiction, sans vérification, et sans aucune défense laissée aux accusés. Bientôt les hommes à la merci les uns des autres n'auraient de force et d'action

_____

1. Malédiction, souhait de malheur.

que pour s'entre-déchirer entre eux, sans en avoir aucune pour la résistance, les bons, livrés tout à fait aux méchants, deviendraient d'abord leur proie, enfin leurs disciples, l'innocence n'aurait plus d'asile, et la terre devenue un enfer ne serait couverte que de Démons occupés à se tourmenter les uns les autres. Non, le Ciel ne laissera point un exemple aussi funeste ouvrir au crime une route nouvelle, inconnue jusqu'à ce jour ; il découvrira la noirceur d'une trame aussi cruelle. Un jour viendra, j'en ai la juste confiance, que les honnêtes gens béniront ma mémoire et pleureront sur mon sort. Je suis sûr de la chose, quoique j'en ignore le temps. Voilà le fondement de ma patience et de mes consolations. L'ordre sera rétabli tôt ou tard, même sur la terre, je n'en doute pas. Mes oppresseurs peuvent reculer le moment de ma justification mais ils ne sauraient empêcher qu'il ne vienne. Cela me suffit pour être tranquille au milieu de leurs œuvres [1] : qu'ils continuent à disposer de moi durant ma vie, mais qu'ils se pressent ; je vais bientôt leur échapper.

LE DÉFENSEUR DE LA VÉRITÉ [2]

Par un paradoxe qu'on n'a cessé de lui reprocher, Rousseau se fait un étranger pour protester contre le règne de l'aliénation, qui rend les hommes étrangers les uns aux autres. La décision par laquelle il épouse la cause de la vérité absente l'entraîne à revendiquer le destin de l'exilé ; et le mouvement par lequel il devient le défenseur de la transparence perdue (ou méconnue) est aussi le mouvement par lequel il devient un errant. Exilé, errant, mais par rapport au monde de l'aliénation, et pour lui faire honte. En réalité, il prétend avoir « fixé » ses idées, « réglé son intérieur pour le reste de sa vie ». Il a établi sa demeure dans la vérité, et c'est pourquoi il va devenir un sans-demeure, un homme qui fuit d'*asile en asile, de retraite en retraite*, à la péri-

---

1. De leurs calomnies.
2. Jean Starobinski, *J.-J. Rousseau. La Transparence et l'obstacle*, p. 58-60.

phérie d'une société qui a voilé la nature originelle
de l'homme et faussé toute communication entre
les consciences. Parce qu'il rêve de transparence
totale et de communication immédiate, il lui faut
couper tous les liens qui pourraient l'attacher à un
monde trouble, où passent des ombres inquiétantes,
des faces masquées, des regards opaques.

Le voile qui était tombé sur la nature, l'opacité qui
avait envahi le paysage de Bossey• disparaîtront
quand Rousseau aura conquis la solitude. Le bonheur perdu lui sera rendu, partiellement, il est vrai,
car s'il retrouve l'*éclat* du paysage et de la nature,
c'est au prix d'une rupture plus décisive avec ses
semblables. À condition de se tenir à l'écart de la
société, la solitude de Rousseau est un retour à la
transparence :

> Les vapeurs de l'amour-propre et le tumulte du
> monde *ternissaient* à mes yeux la fraîcheur des bos-
> quets et *troublaient* la paix de la retraite. J'avais
> beau fuir au fond des bois, une foule importune me
> suivait partout et *voilait* pour moi toute la nature.
> Ce n'est qu'après m'être détaché des passions
> sociales et de leur triste cortège que je l'ai retrou-
> vée avec tous ses *charmes* (Huitième promenade).

Une fois la société oubliée, une fois banni tout souvenir et tout souci de l'opinion des autres, le paysage reconquiert aux yeux de Jean-Jacques le
caractère d'un site originel et premier. C'est là
qu'est le charme retrouvé, l'enchantement véritable. Rousseau peut alors rencontrer la nature de
façon immédiate, sans qu'aucun objet étranger ne
s'interpose : nulle trace intempestive du travail
humain, nul stigmate d'histoire ou de civilisation :

> J'allais alors d'un pas plus tranquille chercher
> quelque lieu sauvage dans la forêt, quelque lieu
> désert où rien ne montrant la main des hommes
> n'annonçât la servitude et la domination, quelque
> asile où je pusse croire avoir pénétré le premier et
> où nul tiers importun ne vînt s'interposer entre la
> nature et moi (Troisième lettre à Malesherbes).

Et dans cette nature redevenue immédiatement sensible, sauvée de la malédiction de l'opacité, Rousseau va revêtir le rôle prophétique ; il annonce la
vérité cachée :

• *C'est à Bossey,
chez les Lambercier,
qu'a lieu l'épisode du
peigne cassé : Jean-
Jacques est injuste-
ment accusé du
forfait, et souffre
douloureusement de
cette perte de la
transparence des
cœurs.*

Enfoncé dans la forêt, j'y cherchais, j'y trouvais l'image des premiers temps dont je traçais fièrement l'histoire ; je faisais main basse sur les petits mensonges des hommes, j'osais dévoiler à nu leur nature, suivre le progrès du temps et des choses qui l'ont défigurée (*Les Confessions*, VIII).

Mais pour quelqu'un qui veut rejoindre purement la nature, Rousseau prend trop de plaisir à proclamer qu'il s'est écarté des vains plaisirs du monde. Nous l'avons déjà souligné, l'oubli n'est pas complet et le détachement n'est pas total. S'il ne regrette pas le monde, il s'en souvient pour le condamner. Au moment où il s'enfonce dans la forêt et où il se réfugie dans les vérités fondamentales, il ne perd pas de vue l'univers factice qu'il refuse, les « petits mensonges » qu'il méprise. Il ne jouit de l'immédiat qu'en proférant l'anathème sur le monde des instruments et des relations médiates. Il ne s'est donc pas éloigné au point d'oublier l'erreur des autres, et si « les passions sociales » ne le possèdent plus, il n'en reste pas moins l'antagoniste de la société corrompue. Si paradoxal que cela paraisse, au plus profond de son isolement, il reste relié à la société par la révolte et la passion antisociale : l'agressivité est une attache.

Dossier

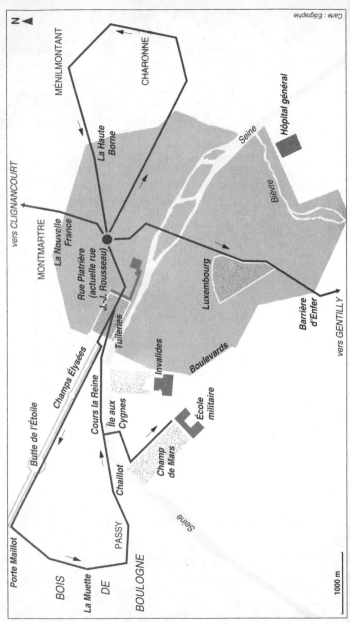

Itinéraire des promenades de Rousseau autour de Paris

Le Paris du promeneur solitaire

Pour bien comprendre les promenades de Rousseau, il faut se représenter l'état de Paris en 1776-1777 : divisée en vingt quartiers, la capitale est entourée par une ceinture de remparts (ou Grands Boulevards) sur la rive droite, et par les Nouveaux Boulevards sur la rive gauche, des Invalides jusqu'à l'Hôpital Général (appelé aujourd'hui la Salpêtrière). Les Parisiens vont en villégiature sur ces boulevards, dans les villages des environs (Charonne, Chaillot, Passy), sur les rives de la Seine, et sur les grandes avenues menant au bois de Boulogne que sont le Cours la Reine (l'allée qui longe la Seine, des Tuileries jusqu'à l'actuelle place de l'Alma) et les Champs-Élysées. D'après les indications de Rousseau dans les *Rêveries*, il est possible de retracer les itinéraires des deuxième, sixième et neuvième promenades.

DEUXIÈME PROMENADE

Rousseau part de la rue Plâtrière (l'actuelle rue J.-J. Rousseau), dans le quartier des Halles, et se rend sur les boulevards par la rue de la Contrescarpe (aujourd'hui rue Amelot). Il monte alors la rue du Chemin-Vert et gagne les hauteurs correspondant au cimetière du Père-Lachaise (terrain enclos appartenant alors aux jésuites). Il arrive ensuite aux villages de Charonne et de

Ménilmontant, d'où il domine la ville. Il est renversé par un chien en redescendant sur Paris, au niveau de La Haute-Borne, guinguette située actuellement au croisement des rues Saint-Maur et Oberkampf. Il n'est plus très loin du Temple (maintenant appelé square du Temple) où se trouvaient les fiacres de louage ; de là, il regagne à pied son domicile.

SIXIÈME PROMENADE

Parti de la rue Plâtrière, Rousseau traverse la Seine, dépasse le jardin du Luxembourg en remontant l'actuel boulevard Saint-Michel. Il évite la barrière d'Enfer (au-dessus de la place Denfert-Rochereau) en passant par le Nouveau Boulevard (aujourd'hui boulevard Raspail). Il rejoint vraisemblablement le chemin du Petit-Montrouge (actuelle avenue du Maine) qui le conduit sur les hauteurs de Gentilly. Il traverse ainsi l'actuel parc Montsouris pour se rendre dans la vallée de la Bièvre.

NEUVIÈME PROMENADE

Le premier épisode de rencontre (le petit garçon de Clignancourt) a lieu lors d'une promenade effectuée au nord de Paris : Jean-Jacques gagne la Nouvelle-France (au croisement de la rue du Faubourg-Poissonnière et de l'actuelle rue Montholon) par la rue Poissonnière. Il contourne la colline de Montmartre sur la gauche et se dirige vers le village de Clignancourt.

L'épisode de l'oublieur• se passe un dimanche, jour d'affluence dans le bois de Boulogne. On y entre par la grille d'un traiteur situé à la Porte Maillot, après avoir parcouru les Champs-Élysées et dépassé la

• *Marchand d'oublies (sorte de gaufrettes).*

Butte de l'Étoile (où se trouve aujourd'hui l'arc de Triomphe). Le bois de Boulogne donnait sur les jardins du château de la Muette (où Rousseau croise la troupe de pensionnaires). On revenait sur Paris en traversant les villages de Passy et Chaillot, et en regagnant le Cours la Reine, le long de la Seine.

La rencontre avec l'invalide se situe devant le Champ de Mars, sur une île aujourd'hui disparue (l'île des Cygnes), à la hauteur des ports de la Bourdonnais et du Gros-Caillou (actuellement quai Branly et quai d'Orsay).

Dossier

BIBLIOGRAPHIE

ÉDITIONS

Éd. J. S. Spink, Paris, Didier, Société des textes français modernes, 1948.

Éd. M. Raymond, in *Œuvres complètes* de Rousseau, t. 1, Paris, Gallimard, Bibliothèque de la Pléiade, 1959.

Éd. B. Gagnebin, Paris, Le Livre de poche, 1983 [1972].

Éd. S. de Sacy, intr. de J. Grenier, Paris, Gallimard, Folio, 1988 [1972].

Éd. H. Roddier, revue par G. Fauconnier, Paris, Classiques Garnier, 1984 [1960].

Éd. P. Malandain, Paris, Presses Pocket, 1991.

POUR SITUER LES *RÊVERIES* DANS L'ŒUVRE ET LA PENSÉE DE ROUSSEAU

Pierre-Paul Clément, *J.-J. Rousseau, de l'éros coupable à l'éros glorieux*, Neuchâtel, La Baconnière, 1976.

Robert Mauzi, *L'Idée du bonheur dans la littérature et la pensée française au XVIIIᵉ siècle*, Paris, Albin Michel, 1994 [1960].

Alexandre Philonenko, *J.-J. Rousseau et la pensée du malheur*, Paris, Vrin, 1984.

Georges Poulet, *Études sur le temps humain*, Paris, Presses Pocket, Agora, t. 1, 1989 [1952].

Marcel Raymond, *Jean-Jacques Rousseau, la quête de soi et la rêverie*, Paris, Corti, 1962.

Jean Starobinski, *J.-J. Rousseau. La Transparence et l'obstacle*, Paris, Gallimard, 1971 (rééd. coll. « TEL », 1985). *Le Remède dans le mal*, Paris, Gallimard, 1989, p. 165-232.

SUR *LES RÊVERIES DU PROMENEUR SOLITAIRE*

Françoise Barguillet, *Rousseau ou l'illusion passionnée. Les Rêveries du promeneur solitaire*, Paris, PUF, 1991.

Pierre-Paul Clément, « *Les Rêveries du promeneur solitaire* : dixième promenade », in *Actes du colloque international de Nice sur Rousseau et Voltaire* (juin 1978*)*, université de Nice, 1979.

Gilbert Fauconnier et Michel Launay, *Index-concordance des Rêveries du promeneur solitaire*, Genève et Paris, Slatkine et Champion, 1978.

Simone Lecointre et Jean Le Galliot, « Essais sur la structure d'un mythe personnel dans *Les Rêveries du promeneur solitaire* », *Sémiotica*, n° 4, 1971, p. 339-364.

Emmanuel Martineau, « Nouvelles réflexions sur *Les Rêveries*. La première promenade et son projet », *Archives de Philosophie*, n° 47 (2), 1984, p. 207-246.

Robert Osmont, « Contribution à l'étude psychologique des *Rêveries du promeneur solitaire* », *Annales Jean-Jacques Rousseau*, n° 23, 1934.

« Étude de la sixième promenade : regards psychanalytiques », in *Actes du colloque international de Nice sur Rousseau et Voltaire* (juin 1978*)*, université de Nice, 1979.

Jacques Proust, « La fête chez Rousseau et chez Diderot » (sur la neuvième promenade), in *L'Objet et le texte*, Genève, Droz, 1980, p. 55-74.

Pierre Rétat, « Le temps des *Rêveries du promeneur solitaire* », in *Voltaire, the Enlightenment and the comic mode. Essays in honor of Jean Sareil*, New York, Berne et Francfort, P. Lang, 1990, p. 241-251.

Robert Ricatte, *Réflexions sur les « Rêveries »*, Paris, Corti, 1962.

Jean Starobinski, « Rêverie et transmutation », in *De Ronsard à Breton. Hommages à M. Raymond*, Paris, Corti, 1967, p. 126-138.

Raymond Trousson, « Relire la troisième rêverie. Des mots et des rythmes », in *Literaturstudien*, éd. par Peter-Eckhard Knabe, t. 1, Köln, Janus-Verl.-Ges. (Kölner Schriften zur romanischen Kultur), 1991, p. 177-193.

Laurence Viglieno, « Le fantasme de l'enterré vif dans les *Rêveries* ou le "complexe du cyclope" », in *Actes du colloque international de Nice sur Rousseau et Voltaire* (juin 1978), université de Nice, 1979, p.189-207.

GF Flammarion

02/06/95458-VI-2002 – Impr. MAURY Eurolivres, 45300 Manchecourt.
N° d'édition FG090536. – Septembre 1997. – Printed in France.